全新图解版

孙子兵法
活学活用

孙武/原著　沈零/编著　夏易恩/绘制

中国华侨出版社
北京

 前言

本书诞生的意义

《孙子兵法》，是中国现存最早的古代军事名著，是古代兵书战策成熟的象征。它全面总结了春秋以前的战争经验，提出一系列普遍性的战争指导原则。它的问世，对我国古代军事思想的发展和战争实践有深刻的影响。

《孙子兵法》在兵书史上有很高的地位，被推崇为"兵学圣典""东方兵学的鼻祖""百世兵家之师""世界古代第一兵书"。

然而，这样一本经典著作，到底有多少人愿意读呢？首先，晦涩的古文可能将广大读者拒之门外。另外，即便有白话文的译本，但是单纯的文字也显得较为枯燥。针对这一现状，我们决定将《孙子兵法》打造为一本"教科书"。

本书不但有详细的译文，而且有精美的图片、表格和案例。我们采用图解的方法，系统化说明《孙子兵法》中庞大而细腻的军事理论体系。

书中的内容包括军事、商业以及生活的各方面，甚至能从这部书中找到如何在考场、职场和商场中取胜的灵感。因此，本书更像一个生活指南，让您从一本伟大的兵书中受益无穷。

本书特色

◆ 译文详尽，通俗易懂

在这里"国学"并非深奥的代名词，我们将用生动、有趣的语言，将孙子兵法变为一个"现代译本"。但是我们又不拘泥于咬文嚼字，真正做到将古代经典变为现代经典。

◆ 结合图片，更显生动

图文并茂，不仅可以帮助读者理解原著，而且让读者从图表中更直观地理解《孙子兵法》的奥义。如果看完译文还有困惑，那么所有疑问将在这里得到解答。

◆ 搭配案例，触类旁通

案例大到商场、职场，小到生活点滴，我们的目的就是要让《孙子兵法》走进生活。我们认为若只是记住一个理论根本毫无用处，可以灵活运用才是最实际的。

目录

第11章 九地篇

第12章 火攻篇

第13章 用间篇

《孙子兵法》的前世今生

1.孙子是谁？

2.《孙子兵法》是怎样的一本书？

3.为何要读《孙子兵法》？

孙子是谁?

《孙子兵法》众人皆知,但孙子是何许人?

他是怎么写出这本后人仰慕的巨著呢?

孙子,名武,字长卿,春秋时期齐国人,《史记》为孙子专门立传。孙子从小生活在齐国,后来因为遇到内乱而到了吴国,开始潜心研究学问。后来经伍子胥的推荐,孙子开始走上仕途,他们共同辅佐吴王阖闾、夫差两代君王,帮助吴国走向富强。

然而,历史又留给我们一个悬念。大家都知道"卧薪尝胆"的故事,越王勾践因为打了败仗,屈身待在吴国,后来回到越国便奋发图强,最终击败吴王夫差,报了大仇。在这个过程中,吴国的栋梁之才伍子胥因中反间计而被赐死,但是孙子的结局如何,却没有详细的记载。据《越绝书》记载,江苏吴县东门外尚有孙武的坟墓。或许孙武没有像伍子胥那样中计被杀,他很可能选择了隐居。

孙武处于公元前六世纪后期至前五世纪前期,那时候中国由许多独立的诸侯国组成,原来的周王朝形同虚设。这些诸侯国各自为政,互相征战,整个国家处于一个分裂的状态之中;但是这种分裂势必又蕴含着统一的趋势,因为诸侯中不断地涌现强人,例如"春秋五霸"。

当时,周王朝有老聃,是道家创始人;鲁国有孔子,是儒家创始人;齐国有晏婴,是墨学先驱;吴国有季札,是博物学家;郑国有子产,是法家先驱。他们都是当时一流的思想家和政治家,而孙子则成为这个时期著名的军事理论家,是军事科学的创始人。俗话说"乱世出英雄",或许孙武生活在和平年代,他只可能当一名著作等身的学者,然而在战争时期,他可以将自己的所学用于实践。但无论如何,孙子对于军事的认识和研究并不仅仅停留在"纸上",他还不断地在实际运用中完善理论。如果我们非要说出《孙子兵法》的成功之处,那么可以这样定义:这是一本集实践和理论为一身的书,它从战争的杀戮当中总结出无数经验,供后人参考和运用。

伍子胥（公元前559年～公元前484年）名员，字子胥，又叫申胥，出生于楚国贵族家庭。公元前522年，伍子胥因父伍奢、兄伍尚被楚平王追杀，而避难逃奔吴国。后结识吴公子光，并策划刺死吴王僚，帮助公子光夺得王位。阖闾任命他为"行人"，成为吴国重要谋臣。后吴王夫差打败越国，越王勾践投降，此时伍子胥认为应该趁机一举消灭越国，但吴王不听，后来便将他赐死。

春秋五霸是指齐桓公、宋襄公、晋文公、秦穆公和楚庄王（见于《白虎通·号篇》），另一种说法是齐桓公、晋文公、楚庄王、吴王阖闾、越王勾践（见于《四子讲德文》）。

中国古代杰出的军事家一览

战国 吴起
吴起（公元前440年～公元前381年）
战国初期著名的政治家、军事家。是继孙武之后，既善于用兵同时又具有高深军事理论的名将。

战国 孙膑
孙膑（约公元前380年～公元前320年）
中国历史上卓越的军事家、军事理论家。孙膑有着卓越的军事才能，在战略上能正确地选择作战时间、空间。特别是其创造的"围魏救赵"的战法，为历代兵家所借鉴。

西汉 韩信
韩信（公元前228年～公元前196年）中国历史上伟大的军事家、统帅，西汉的开国将领。他独特的灵活用兵之道，为历代兵家所推崇。

战国 白起
白起（公元前?年～公元前258年）
中国历史上伟大的军事家、统帅。秦国历史上战功卓著的将领。白起善于用兵，征战沙场达三十七年，攻取七十余座城池城，歼敌百万，没有败绩，为秦国统一中国奠定基础。

唐朝 李靖
李靖（571年～649年）
唐朝军事家、统帅。他文武兼备，为唐朝的统一与巩固立下赫赫战功。同时，他还创建、发展了一套军事理论，造福后人。

元朝 成吉思汗
成吉思汗（1162年～1227年）
中国历史上伟大的政治家、军事家。他的戎马生涯近50年，在战争中充分显示其军才大略和高超的军事指挥艺术。他的军事思想对后世有着深远的影响。

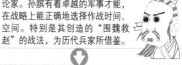
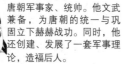

有趣的现象：时势造英雄

凡杰出的军事人才，大多诞生于动荡的年代。这似乎会造成一种错觉：只有战乱时期才会出现精英。然而我们透过历史也看到一点，要当英雄并非依靠时势，只要有决心在职场和商场混出名堂，那么，任何一次成功都会造就英雄。

11

《孙子兵法》是怎样的一本书?

《孙子兵法》是一本什么样的书?书中到底讲了些什么呢?为什么会得到后人的重视?

吴王阖闾说:"十三篇所明道言功也。"这里提到的"明道",即是讲军事原理;而"言功"则是分析克敌制胜的方法。可见《孙子兵法》正是一部讲军事哲学和军事理论的著作。《汉书·艺文志》将它列在"兵权谋"之列,是完全合适的。

"孙子十三篇",即"始计""作战""谋攻""军形""兵势""虚实""军争""九变""行军""地形""九地""火攻""用间",共十三篇。主要讨论战争谋略问题,涉及作战原则、制胜条件和取胜技巧等问题。

《孙子兵法》中提出了许多至今仍然为人所津津乐道的精辟战略,诸如"知彼知己,百战不殆""避实击虚""我专而敌分""避其锐气,击其惰归""攻其无备,出其不意""形人而我无形",等等。它的核心理论共有三条:一是"奇正",二是"神变",三是"虚实"。

什么叫"奇正"呢?"奇正"就是常规与反常规。"正"是常规,"奇"则是反常规,比如说,我们用雄兵十万攻城,采用传统的攻城模式,就叫作"正";但是假如我们没有那么多兵,那么则可以采用"草木皆兵"的办法,让敌人误以为我们有十万兵力,从而达到不战而屈人之兵的效果,这可以理解为"奇",也就是通常所说的不按常理出牌。此外,孙子还强调"奇正相生",他认为"以正生奇,以奇生正,奇正相生,变化无穷",也就是说常规当中隐藏着反常规,反之亦然,灵活运用才能出奇制胜。

"神变"就是因时、因地制宜。兵法中说"兵无常势,水无常形,能因敌变化而取胜者,谓之神",也就是说,在战场上,一切都是变化的,只有随机应变才能成为赢家。

"虚实"也就是一种对比关系。就好比我们看见敌人在摇旗呐喊,以为他们有五万的兵力,而实际上他们只有五千,只不过在虚张声势,其中五万兵力是虚,而五千兵力为实。那么谁看清了虚实,谁就掌握了敌人的意图,把握了先机。"变实为虚;避实就虚;以实击虚;亦虚亦实,实实虚虚"。如果能掌握虚实,那么就等于抓住了制胜的法宝。

《孙子兵法》的大致内容

总共十三篇

核心理论

奇正 ➤
正己制敌之道
原理：看清形势，分析时局，运用最佳方案达成目标。

神变 ➤
因敌制胜之术
原理："知己知彼，百战不殆"，看清敌我，随机应变。

虚实 ➤
强我弱敌之权
原理：把握战场变化，灵活运用策略，将我弱变为我强，敌强变为敌弱。

《孙子兵法》衍生阅读

各种注本
《孙子兵法》的第一个注本，是曹操注。现在最流行的版本是《十家孙子会注》，为宋人整理的从三国至宋代最有代表性的十家注，相当于集解。宋代还有《郑友贤读十家注》，也很有参考价值。

现代读本
中华书局于1977年出版《孙子兵法新注》，有注解，也有释义，每篇都有提要和简评，书后还附有竹简版《兵法》，方便初学者学习。

为何要读《孙子兵法》?

疑问

如此高的地位？

为什么要读《孙子兵法》？这本书为什么具有

《孙子兵法》说明了许多人类战争的共同特点，对现代军事理论的建设和发展，仍具有重大的借鉴意义，已成为全世界人民共同拥有的财富。长期以来，《孙子兵法》被译成英、俄、法、德、意、捷等十多种文字，在国际上享有盛名。一些国家的军队掀起了学习和研究《孙子兵法》热潮，其中尤以美、俄、英、法、日、德等国兴趣最浓，而且受益匪浅。

1772年，法国传教士钱德明将《孙子兵法》译成《中国之军事艺术》在欧洲流传，从此孙子从"东方兵圣"逐渐走向世界，成为"世界兵圣"。人们广泛吸收孙子的智慧，将兵法知识广泛运用于军事活动以外的其他领域。

美国国防大学将《孙子兵法》列为将军们主修战略学的第一课，美国将军的摇篮——西点陆军学校、印第安纳波里斯海军学院、科罗拉多空军学院、国防指挥参谋学院等著名军事院校，都将《孙子兵法》列为学生的必修课。美国前参谋长联席会议主席鲍威尔曾说："《孙子兵法》乃世界军事史上的一部力作。它不只在中国，甚至对当今世界都产生了巨大的影响。"这句话恰如其分地说明了《孙子兵法》在世界文化史上的影响和地位。另外，在俄罗斯，《孙子兵法》是俄国军政领导人的必读之书。

学习《孙子兵法》，不仅仅可以了解孙子的战略思想，如果我们可以体会其中的奥妙、触类旁通，那么完全可以在生活和工作中游刃有余地应对诸多难题，顺利达成目标。无论是战场、商场还是职场，孙子兵法的思想都具有极高的参考价值。

孙子兵法的现实意义

《孙子兵法》在现代军事上的应用

因时制宜 把握制敌 先机

1986年，美军突袭利比亚

→ 美军进行了"黄金峡谷"行动，对利比亚5个军事目标实施攻击，仅仅12分钟，就投弹150吨，目标全部被摧毁，利比亚伤亡130余人。美只有一架F-111坠入地中海。

1982年，贝卡谷地空战

→ 以色列采用无人侦察机，摸清了叙利亚的军力，并采用先进的电子对抗系统。两次空战，以军无一损伤，而叙利亚则损失了81架飞机和7个导弹连。

活用地形 出奇制胜

第四次中东战争

→ 以军从提姆萨湖和大苦湖之间的埃及第2军和第3军的接合部转往埃军后方，使埃军陷于被动，损失惨重。

虚实结合 神出鬼没

海湾战争和科索沃战争

→ 美军经常打破常规，从美国本土派出飞机，直飞前线，出其不意打击敌军。

《孙子兵法》在现代经营的应用

战前的准备

1. 经营者的经营理念，决定企业发展方向。
2. 制定管理制度，确保计划推行的力度和效率。

战时的掌控

1. 细节的执行状况，决定整体的成败。
2. 了解竞争对手的状况，随机应变。

Tips

除了以上两个方面，《孙子兵法》还全面应用于职场、医学、竞技体育、教育、谈判等各个领域。本书的目的就是将书内的战略思想融会贯通，运用于生活的各方面。

第①章

始计篇

　　始计篇是《孙子兵法》十三篇的总纲，主要论述战争指导者在开战之前以及在战争中如何筹划全局的问题，阐述谋略在战争中的重要意义，并探讨决定战争胜败的各项基本条件。孙子开宗明义地指出："兵者，国之大事，死生之地，存亡之道，不可不察也。"强调战争是关系国家存亡、人民生死的大事，对于开战之前的谋划必须高度地重视，并认真探究。

兵者，国之大事

原文

孙子曰：兵[1]者，国之大事[2]，死生之地，存亡之道，不可不察[3]也。

注 释

1. **兵**：本义为兵械、武器。《说文解字》中说："兵，械也。"后来从武器引申为士、军队、战争等。这里是战争的意思。
2. **国之大事**：国家的重大事务。
3. **不可不察**：察，是考察和研究。不可不察，意思是必须仔细审查，谨慎对待。

译 文

孙子说："战争是国家的大事，是军民生死安危的主宰，是国家兴衰存亡的关键，是不可不认真考察研究的。"

解 读

孙子开篇就提出谋划在战争中的重要意义。他对君王将相提出：对待战争，必须有对国家、人民高度负责的态度，强调在开战之前，要有战略意识和全局观念，对敌我双方的基本条件周密地研究、认真地谋划，以便制定正确的迎战措施和作战计划；并应随时加强军队训练，培养精兵良将，以免在战争来临时对国家和军民造成灾难。历史的经验也显示，战时要审慎地对待战争，平时要加强对战争中各个因素的研究，防患于未然。

不重视战争，招致国破家亡的事例屡见不鲜。五代时，南唐末代君主李煜平时纵情诗酒、沉溺声色，因而疏于政务，对战争及国家大事一窍不通；既不重视民生，又不识人，从而中了宋太祖的反间计，杀害了自己能征善战的大将林仁肇和忠臣潘佑，以致在宋军压境之时束手无策，最后只好光着身子请降。沉溺于享乐，其实就是忽略了"兵者"的重要性，不重视战争，就只能沦为待宰羔羊了。

当代社会，经济领域的竞争愈演愈烈，为了能在这场无硝烟的战争中取得最终的胜利，战略意识和全局观念同样不可少，只有通过重视科技和教育，激发企业活力，提高产品的竞争力，增强整体实力，才能在白热化的经济角逐中保持不败。

谨慎的智慧

● **经典战例：陆逊火烧连营**

219年，吴国和蜀国在荆州展开一场恶战，最后吴国获胜，不仅夺了荆州，而且杀了蜀国大将关羽。关羽的义兄刘备报仇心切，不顾群臣的劝阻，起兵四万，攻打吴国。蜀军从巫山到湖北宜昌，接连驻扎大营，然后用树木编成栅栏，将大营连接起来，连绵七百余里。

面对蜀军的逼近，孙权果断地提拔年轻的将领陆逊，因为他在荆州之战中就已经崭露头角。当时的战况对吴军来说十分不利，无论是在军队数量、士气和地形上，吴军都处于劣势，如果硬碰硬，肯定会失利。陆逊经过三思，将主力部队集中在宜昌西北，然后宣布士兵固守阵地，不得出战。将士不满陆逊"退缩"的战术，纷纷要求出战，但陆逊却说："蜀军士气旺盛，战斗力很强，我们要避其锋芒，见机行事。"

半年时间过去了，吴军始终坚守阵地，使蜀军的斗志渐渐消磨。当时正值酷暑，蜀军便将营地移到树林里。陆逊见时机成熟，便在深夜时分发动攻击，同时采用火攻。由于蜀军的营寨毗邻树木，因此火势蔓延迅猛，蜀军顿时乱成一团。最终，吴军大胜，消灭了蜀国数万大军。

陆逊制胜法宝

谨慎对待战争

⬇

战争非儿戏，如果和蜀军硬拼，毫无优势可言。不仅涂炭生灵，而且危及国家安危。因此要三思而后行。

⬇

冷静思考，审时度势
陆逊不仅认真分析了时局，而且善于利用自己的优势，同时寻找敌人的弱点。

刘备失败缘由

缺乏冷静的思考

⬇

刘备之所以"报仇心切"，就是没有看清战争的实质。挥师南下，目的仅仅是为了报仇，急躁和求胜心切，早已让蜀国陷入危机。

⬇

没有随机应变
面对吴军避其锋芒的战略，刘备并没有即时调整战略部署，进而给了吴军可乘之机。

经之以五事

原文

　　故经[1]之以五事，校[2]之以计，而索其情：一曰道[3]，二曰天，三曰地，四曰将，五曰法。道者，令民与上同意，可与之死，可与之生，而民不畏危也。天者，阴阳、寒暑、时制[4]也。地者，远近、险易、广狭、死生也。将者，智、信、仁、勇、严也。法者，曲[5]制[6]、官道[7]、主用[8]也。凡此五者，将莫不闻，知之者胜，不知者不胜。

注　释

1.**经**：量度，即分析。2.**校**：比较。3.**道**：道路，此处指政治开明。4.**时制**：季节更替。

5.**曲**：军队编制。6.**制**：指挥号令。7.**官道**：各级官吏之职责与管理。8.**主用**：军需配备与使用。

译　文

　　必须分析敌我五个方面的情况，比较双方的谋略，以探求对战争情势的认识。这五个方面，一是政治，二是天时，三是地利，四是将才，五是法制。所谓政治，就是要让人民认同、拥护国君，使人民愿意为国君出生入死；所谓天时，是指昼夜、晴雨、寒冷、酷热、四季更替；所谓地利，就是指征战路途的远近、地势的险要与平坦、作战区域的宽广与狭窄，也就是地形对于攻守的益处和弊端；所谓将领，就是要求将帅足智多谋、赏罚分明、爱护部属、勇敢果断、军纪严明，以树立良好的威信；所谓法制，就是指军队编制的设立、各级将吏的统辖管理和职责分工、军需物资的供应和掌管。凡是属于这五个方面的，将帅都应该知道，只有了解这些情况才能打胜仗，不然就只有打败仗。

解　读

　　孙子要求用兵之前，要从五个方面来分析战争的胜负，包括政策是否符合人心、天气是否适宜、地理环境是否有利，是否有德才兼备的将才，队伍组织是否职责明确、制度严明，这五个方面是判断战争胜负的基本条件，也是战争策略中不可不考虑的因素。

　　历史上记载武王伐纣时"牧野倒戈"，就是利用人心的力量，让纣王的军队叛变，进而攻入朝歌，取得胜利，建立了周朝；关羽水淹七军利用了水，而孔明草船借箭利用的是雾，周瑜火烧赤壁靠的是风，曹操在行军中规定，如果军士踩踏了老百姓的麦田，将处以死罪，后因自己违背这项规定，便割发代首来严明军纪，最后终于取得官渡之战的胜利；希特勒的百万雄师所向披靡，可惜却抵挡不住莫斯科的严寒。以上所有案例，都显示了孙子所说的"五事"对于战争胜负的影响。

在商业领域，要取得市场竞争胜利，在决策企业经营活动的目标、方针、策略时，也必须考虑多方面的因素。既要充分了解消费者需求，又要选择恰当的市场目标以抓住商机，根据天时、地利、人和的原则，制定正确的市场策略，以取得竞争的胜利。

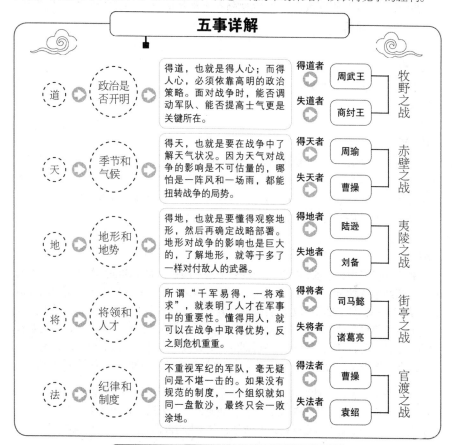

五事详解

道	政治是否开明	得道，也就是得人心；而得人心，必须依靠高明的政治策略。面对战争时，能否调动军队、能否提高士气更是关键所在。	得道者 → 周武王 失道者 → 商纣王	牧野之战
天	季节和气候	得天，也就是要在战争中了解天气状况。因为天气对战争的影响是不可估量的，哪怕是一阵风和一场雨，都能扭转战争的局势。	得天者 → 周瑜 失天者 → 曹操	赤壁之战
地	地形和地势	得地，也就是要懂得观察地形，然后再确定战略部署。地形对战争的影响也是巨大的，了解地形，就等于多了一样对付敌人的武器。	得地者 → 陆逊 失地者 → 刘备	夷陵之战
将	将领和人才	所谓"千军易得，一将难求"，就表明了人才在军事中的重要性。懂得用人，就可以在战争中取得优势，反之则危机重重。	得将者 → 司马懿 失将者 → 诸葛亮	街亭之战
法	纪律和制度	不重视军纪的军队，毫无疑问是不堪一击的。如果没有规范的制度，一个组织就如同一盘散沙，最终只会一败涂地。	得法者 → 曹操 失法者 → 袁绍	官渡之战

经典案例：扭转天时的策略

在电视已经普及的年代，你是不是觉得电视广告非常讨厌呢？在美国，很多人在使用TiVo电视盒，因为它可以拒绝接收电视广告。根据调查，大约有60%的广告被这种电视盒遮罩。这也就意味着企业投入广告的大部分钱都白花了，怎么办呢？在电视广告不景气的时候，很多企业开始采用产品置入式广告。拿麦当劳和英特尔公司为例，他们在《模拟人生》这款线上游戏里投入资金，将广告置入其中；这样一来，只要玩这款游戏的玩家，都可以看到麦当劳和英特尔的LOGO。

主孰有道

原文

　　故校之以计，而索其情，曰：主孰有道？将孰有能？天地孰得？法令孰行？兵[1]众孰强？士卒孰练[2]？赏罚孰明？吾以此知胜负矣。

注 释

1. **兵**：此处指的是兵械。
2. **练**：娴熟。

译 文

　　要比较七种情况，来预测战事，（这七种情况）是：哪一方的国君施政清明？哪一方的将领更有才能？哪一方能占据较有利的天时、地利？哪一方的法令能有效地贯彻执行？哪一方的武器装备更为精良？哪一方的士兵训练有素？哪一方的赏罚更为公正严明？根据这些情况，就可以判断胜负的归属了。

解 读

　　孙子提出了用兵之前，决定胜负的五个基本因素，而要详细剖析这五个基本因素，探索战争的胜负形势，还要从这"七计"中去推断。首先要看一个国君的政策是否上下一心；其二要看双方的将帅谁的素质更好、才干更高；其三要看是否占据了更有利的气候条件和优越的地理环境；其四要看军队的纪律是否严明；其五要看武器的装备情况；其六要看部队是否训练有素，具有战斗力；最后要看奖惩是否公平。综合分析研究这七计后，才能判断谁具备胜利的条件，谁将获得战争的胜利。

　　在战争中，利用七计取得胜利的例子不胜枚举。春秋战国，晋武帝听说吴国的宫殿金碧辉煌，从这表面的繁荣，他看到吴王的荒淫无道、众叛亲离。于是发兵，一举灭吴。吴王无道，自取灭亡，可见君主的贤明与否，关系着一个国家的存亡。

　　在商战中，正确的经营思想、战略目标、优秀的管理人才、合理的激励机制，以及能与企业同舟共济的员工，同样是企业成败的关键。"得势者昌，失势者亡"，只有正确的战略定位、合理的人才使用、科学的组织管理、赏罚分明的激励措施，才能激发企业的生机与活力。而在高科技时代，最重要的是考虑如何充分发挥人的主动性。因此，许多企业采取各种措施以吸引高科技人才，并激励员工、发掘他们的最大潜力，以推动企业的迅速发展。

七计回圈图

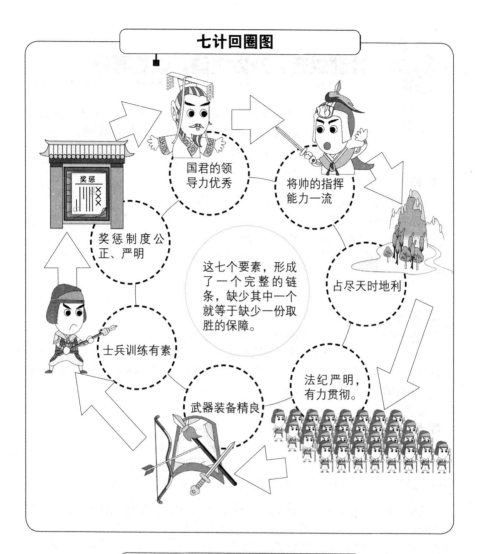

国君的领导力优秀

将帅的指挥能力一流

奖惩制度公正、严明

占尽天时地利

这七个要素，形成了一个完整的链条，缺少其中一个就等于缺少一份取胜的保障。

士兵训练有素

武器装备精良

法纪严明，有力贯彻。

经典案例：人才的重要

刘邦在夺取政权后，曾洋洋得意地说："运筹帷幄之中，决胜千里之外，我不如张良；经营国家，安抚百姓，运输粮饷，我不如萧何；带领百万之军，战必胜，攻必取，我不如韩信。这三个人都是人杰，我可以用他们，所以得了天下。而项羽有一个范增，却不能用，所以失败。"刘邦任用张良、萧何、韩信而得天下，项羽不用人才而自刎乌江，所以优秀的人才在战争中的作用是不可轻视的。

计利以听，乃为之势，以佐其外

原文

将听吾计，用之必胜，留之；将不听吾计，用之必败，去之。计利以听[1]，乃为之势[2]，以佐其外[3]。势者，因利而制权[4]也。

注 释

1.**计利以听**：计利，计谋有利。听，听从、采纳。
2.**乃为之势**：乃，于是、就的意思。为，创造、造就。之，虚词。势，态势。
3.**以佐其外**：佐，辅佐、辅助。辅助战争的进行。
4.**因利而制权**：因，根据、凭依。制，决定、采取之意。权，权变，灵活处置之意。

译 文

如果能听从我的计谋，用兵可以取胜，我就留下；如果不能听从我的建议，作战一定会失败，我就离去。除了采纳有利的作战方式，还要设法造"势"，形成一种积极的军事态势，以辅助战争的进行。所谓"势"，是指根据有利于自己的条件，灵活机动，采取相应的对策。

解 读

在战争中，有利的计策是取胜的关键；然而，计策不能单独发挥作用，因为计策是隐蔽的，需要有相应的环境、条件，才能充分发挥效力。因此，作战主体要根据战争的需要，采取多种对策，造就对我军有利的形势，使战争得以顺利进行。

隋朝末年，李密与王世充交战，王世充找了一个长得很像李密的人，捆起来藏在军中，等到双方战斗到最激烈的时候，王世充命人带"假李密"从阵前经过，并不断高呼活捉了李密，此举鼓舞了自己部队的士气、动摇了敌人的军心，使李密的军队大败而归。秦灭六国之时，秦王嬴政采用李斯、尉缭子之计，远交近攻，根据作战的需要，对其他国家进行分化、收买和拉拢的政策，使六国各自为政，没有办法联合力量。最终，秦国用了六年时间，终于歼灭六国，建立中国历史上第一个封建王朝。

商战中同样需要"乃为之势"。商场中的"造势"，运用最多的方法就是广告。许多企业为提高知名度、促销新产品，通过别出心裁的广告宣传，制造各种轰动效应，此即通过"造势"树立良好的产品形象，吸引更多的消费者。

势

在战争中，"势"就是一种计策。但无论是何种计策，都要保证有利于自己的一方。

如今我们虽然远离战火和硝烟，但是无形的战争无处不在。企业之间的竞争，也时常需要"审时度势"。

在著名的第二次布匿战争（公元前218年～公元前201年）中，迦太基主帅汉尼拔率六万大军穿过阿尔卑斯山，进军罗马。双方于公元前216年8月在奥费达斯河岸的坎尼地区展开了一场大战。汉尼拔事先了解到当地每天午后刮东南风，于是指挥部队紧急转移，处于上风方向，并把部队布成一个新月形阵势，从侧面把罗马军卷入口袋之中，最后全歼罗马军队。

经典案例　神奇的鸽子

美国华盛顿市五十二层的美国联合碳化公司总部大楼落成后，忽然飞进来一大群鸽子。公司忽然想到一个绝妙的点子，他们先关闭所有的门窗，拘禁所有的鸽子，然后又通知动物保护委员会，接着电告各个新闻媒体，说大楼内将出现有趣的捕捉鸽子事件。在接下来的三天里，公司还不断地扩大媒体效应，且公司高阶管理人员还纷纷在电视上亮相，大谈保护动物的神圣职责，同时向大众介绍公司的宗旨和服务范围。经过这次捕鸽子事件，美国联合碳化公司名声四起。

兵者，诡道也

··

 　　兵者，诡道也¹。故能而示之不能²，用而示之不用，近而示之远，远而示之近。

注 释

1. **诡道也**：诡诈之术。诡，欺诈、诡诈。道，学说。
2. **故能而示之不能**：能，有能力。示，显示。即能战却装作不能战的样子。

译 文

用兵打仗是一种诡诈之术。因此需要做到：能战却装作不能战；想攻却装作不想攻；想进攻近处，却装作要进攻远处；要进攻远处，却装作要进攻近处。

解 读

综观孙子的战略思想，"奇袭"和"诡道"其实是精华，二者互相交织，相辅相成。可以说"奇和诡"的思想贯穿了《孙子兵法》的全文。我们从历史经验出发可以发现一个定律——兵不厌诈。在战争中，敌我双方都会为掩盖各自的目的和企图，用各种假象迷惑敌人、诱骗对方，造成敌人的错觉，使之摸不清真实意图。这实质上是一种斗智的作战指导思想。

战国时期，要离的剑术很厉害，他的个子虽然瘦小，却战无不胜。伍子胥曾向他请教剑法，要离说："想战胜对方，就要先向敌人显示出自己的弱势，让敌人因骄傲而大意，然后再让自己漏洞百出，使敌人认为有机可乘。等敌人放松警惕的时候，再突然进攻，那么就可以一举击败敌人。"由此可见，要离深谙《孙子兵法》的精髓，他屡战屡胜的原因，或许是其武艺高超，但是，高超的战略应用才是制胜的法宝。

| 兵不厌诈 | ➡ | 诡 | 避实就虚
深藏不露 | ➡ | 隐藏自己的优势，暴露自己的弱势，让敌人大意。进而疏于防范，为自己创造可乘之机。 |

经典战例：诈取荆州

三国时，孙权非常想得到荆州，然而当时关羽水淹七军，打败曹军，威震天下，士气也非常旺盛。吕蒙接到孙权夺取荆州的命令后，巡视了荆州的蜀军布防，发现无机可乘，焦急万分。陆逊见状，找到吕蒙，建议他使用出其不意的战术。首先，吕蒙提拔陆逊，让他来和关羽交手。陆逊屡次写信给关羽，表达对他的仰慕，让关羽心生傲气，放松了对东吴的警戒。当关羽将大军调离荆州之后，陆逊发动突袭，一举攻下荆州；而关羽则败走麦城，最后被吴军所杀。

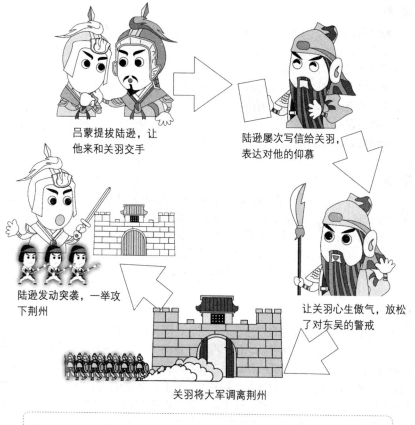

吕蒙提拔陆逊，让他来和关羽交手

陆逊屡次写信给关羽，表达对他的仰慕

陆逊发动突袭，一举攻下荆州

让关羽心生傲气，放松了对东吴的警戒

关羽将大军调离荆州

东汉时期，"州"开始成为一级行政区实体。自此，中国的行政区划分进入州制的新时期，经三国、两晋、南北朝，直至隋代，州一直成为中国最高的行政区划分单位，延续了四百年左右。

利而诱之，乱而取之

原文

利而诱之¹，乱而取之²，实而备之³，强而避之，怒而挠之⁴，卑而骄之⁵，佚而劳之⁶，亲而离之⁷。

注 释

1.**利而诱之**：利，此处作动词用，指贪利的意思。诱，引诱。

2.**乱而取之**：乱，混乱。取，攻取。

3.**实而备之**：实，实力雄厚。备，防备。

4.**怒而挠之**：怒，易怒而脾气暴躁。挠，挑逗、扰乱。

5.**卑而骄之**：卑，小、怯。骄，骄傲、自大。

6.**佚而劳之**：佚，同"逸"，安逸、自在。劳，作动词，使之疲劳。

7.**亲而离之**：亲，亲近、团结；离，离间、分化。

译 文

敌人贪利，则以小利来引诱它，找机会攻击它；对于处在混乱中的敌人，要抓住时机攻取它；对于实力雄厚的敌人，则须严加防备；对于兵强的敌人，当避其锋芒；对于易怒的敌人，就通过挑逗的方式设法去激怒他，使他丧失理智；对于轻视我方的敌人，应设法使其更加骄傲自大；对于经过充分休整的敌人，要设法使之疲劳；对于内部团结的敌人，则要设计离间、分化他们。

解 读

《孙子兵法》中有著名的"诡道十二法"，即兵不厌诈的方法。诡道，是一种欺骗行为，千变万化。由此可见，孙子再三地强调"变"的重要性，在战场上，只有不断地求变，才能取得先机。我们要在敌人贪利、混乱、失去理智的时候，抓住时机，趁虚而入；面对强大的敌人，则要加强防备，避开他们的优势，千方百计使他们骄傲、懈怠，并让他们焦躁、疲惫，从而变优势为劣势。正如《唐太宗李卫公问对》中所说："千章万句，不出乎诡之一句而已。"

无数历史的事实印证了孙子言论的精妙。刘邦曾用黄金四百斤贿赂楚将，使数十万楚军变成一盘散沙。项羽兵败，与其说是自己用刀割下来的，倒不如说是刘邦用钱买下来的，钱在这里成了战胜项羽的致命武器。可见使用计谋、用利造乱，是取得战争胜利的法宝。

　　而在激烈的商业竞争中，企业要立于不败之地，最重要、也是最困难的判断，就是要分析自己在市场中所处的地位，对于强弱不同的竞争对手，采取不同的策略，以求在市场中赢得一席之地。其实，商战中的"避实就虚""游击战""防御战"等策略，与孙子的"实而备之，强而避之""怒而挠之，卑而骄之"等战略正好不谋而合。

没有因势利导的失败

曹操

赤壁之战，曹操未能根据战况的变化而及时做出调整。他自恃兵多将广，最终败走华容道。

苻坚

淝水之战。苻坚带领八十万大军，攻打晋朝。他骄傲地说："我们的士兵往江里投马鞭，都可以让江河断流。"结果他的自大葬送了无数生灵。

经典案例：蚂蚁战大象

　　20世纪60年代，哈勒尔与宝洁公司有一场经典战役。面对强大的宝洁公司，哈勒尔采用巧妙的战术。宝洁公司在丹佛试销一种称为"新奇"的清洁喷液时，哈勒尔则从丹佛撤出名为"配方409"的同类产品，使宝洁公司的新产品大获全胜。同时，哈勒尔把他的十六盎司装的"配方409"投入市场，以低廉的价格销售，忽然之间占领了大量市场，使宝洁公司新产品的销售情况大幅下跌。最后宝洁不得不从货架上撤回该项新产品，而哈勒尔也终于获得最终的胜利。

攻其无备，出其不意

原文

攻其无备[1]，出其不意[2]，此兵家之胜[3]，不可先传也[4]。

注 释

1.**备**：防备，准备。

2.**意**：考虑，预料。

3.**胜**：奥妙。

4.**不可先传也**：先，预先、事先。传，传授、规定。

译 文

要在敌人没有准备的状态下发动攻击，在敌人意想不到时采取行动，这是军事家指挥作战的奥妙所在，是要根据具体情况临机做出决断，不能事先予以规定。

解 读

"攻其无备，出其不意"已是千古传诵的至理名言。历史上许多的战役，都是在对手失去戒备或在其料想不到的时候取得胜利的，比如果断地采取行动，发动袭击，使敌人判断错误，最终杀个措手不及。"攻其无备，出其不意"，可以说是孙子"诡道"谋略最重要的宗旨，也是兵家出奇制胜的奥妙所在。

也许我们对于战争的理解，就是"拼实力，拼消耗"，但这并不是孙子追求的境界。如果只用军队实力取胜，那还要军事家干什么呢？比一比军队数量和装备不就行了吗？骁勇善战的人，就要像庖丁解牛一样，游刃有余、指挥若定。要做到这一点，就必须谨慎小心，在无声无形中，神不知鬼不觉，让敌人搞不清我方进攻的意图和行动规律。

在现代商战中，经营者绞尽脑汁，面对不同的形势，采用灵活多变的策略，希望透过"出其不意"来占据优势。核心就是一个"奇"字，即捕捉对方的思想弱点，利用对方的思维惯性，抓住对方防备的"死角"，反常用兵，出奇制胜。

Tips　　"攻其无备，出其不意"的精髓就是在于隐藏自己的动机和目的，迷惑敌人。等到敌人上当之后，再选择适当的时机出战，这样往往能给敌人沉重的打击，获得压倒式的胜利。

经典战例：攻取会稽

孙策（175年～200年），字伯符，孙坚之子，孙权的长兄。东汉末年割据江东豪强，汉末群雄之一。有"小霸王"的美誉。孙权称帝后，追谥他为长沙桓王。

东汉末年，孙策起兵攻打江东。建安元年（196年）8月，孙策率兵攻取会稽郡。会稽郡太守王朗据守固陵，使孙策多次从水路进攻都未能成功。后来孙策采纳孙静的建议，采取"攻其无备，出其不意"的战术，于夜间在多处点起烟火，布下疑兵，让王朗不知所措。而孙策则率兵突袭高迁屯，王朗赶忙派丹阳太守周昕迎战。结果周昕战败，王朗的军队被迫投降，孙策便占据会稽郡。

拿破仑的出其不意

1798年5月，拿破仑出征埃及，目的是进一步向印度进军。出兵之前，拿破仑担心英国的舰队会对自己造成威胁，因此不断地散布假消息，说法国舰队会进入大西洋，攻打爱尔兰。英国人十分吃惊，于是舰队指挥官纳尔逊赶忙将兵力集中在直布罗陀。而此时的拿破仑则趁机从土伦港出发，开赴埃及。纳尔逊发觉不对，赶忙又掉转方向，却一不留神跑到法国舰队的前面去了，等他赶到埃及时，没看到一个法国兵的影子，便又朝君士坦丁堡进军。结果拿破仑不费吹灰之力就夺取了亚历山大港，进驻埃及。

夫未战而庙算胜者，得算多也

原文　　夫未战而庙算[1]胜者，得算多也[2]；未战而庙算不胜者，得算少也。多算胜，少算不胜，而况于无算乎？吾以此观之，胜负见矣。

注释

1. **庙算**：古代在开战之前，通常要在庙堂里商议谋划，分析战争的利害得失，制定作战方略。此一过程，就叫作"庙算"。
2. **得算多也**：算，计数用的筹码，此处引申为取得胜利的条件。

译文

开战之前就预测能够取胜，是因为筹划周密，胜利条件充分；开战之前就预测不能取胜的，是因为筹划不周，缺乏胜利条件。筹划周密、条件具备就能取胜；筹划不周、条件缺乏就不能取胜，更何况不做筹划，且毫无取胜条件呢？我们根据这些来观察，胜负就显而易见了。

解读

所谓"多算胜，少算不胜"，正是孙子反复强调的用兵之道，也就是兵马未动，计划先行。在打仗之前，我们需要从"五事"和"七计"等方面来估量敌我的力量，判断强弱。这需要对天时（天气的变化）、地利（地形的特点）和人势（敌我双方的强弱）进行仔细观察，对每一个战争要素进行认真分析。总之，从古至今的无数战争证明，在开战之前，如果计划比较周密，那么取得胜利的机会就越大；如果疏忽大意，或者没有考虑周全，那么很可能遭遇失败。用一句话来概括，就是一定要打"有准备的仗"。

在商战之中，周密的策划决定了胜败。孙子所说的"庙算"，其实就是企业的经营战略。企业在将产品投入市场之前，如果没有对目前的局势做客观的分析和预测，缺乏全局观，那么就可能导致失败。不比较同类企业或同类产品的优劣，就贸然进军市场，只会凶多吉少。因此，许多成功的企业都非常重视经营战略，每一次行动的背后，都必然有着详细而周密的策划。

从战场和商场引申到个人，"庙算"实际上就是一种计划。如果我们在做事之前，没有一个规划，那么势必让行动变得盲目。一个考生在应对考试之前，如果制定了复习计划，那么他就会循序渐进地掌握所学的知识，避免在考试即将来临前还挑灯夜战；同理，对于身处职场的人们来说，无论是执行一个专案，还是完成最简单的工作，有计划和无计划，结果绝对有天壤之别。

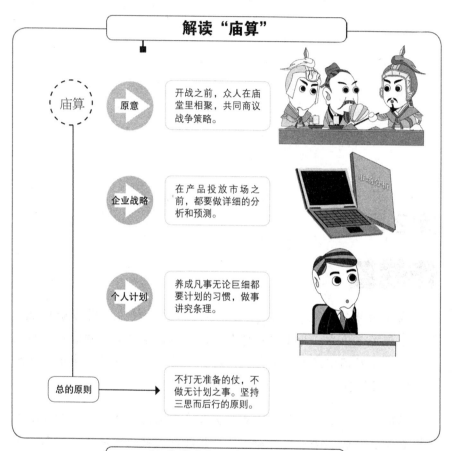

解读"庙算"

庙算

原意 ▶ 开战之前，众人在庙堂里相聚，共同商议战争策略。

企业战略 ▶ 在产品投放市场之前，都要做详细的分析和预测。

个人计划 ▶ 养成凡事无论巨细都要计划的习惯，做事讲究条理。

总的原则 ▶ 不打无准备的仗，不做无计划之事。坚持三思而后行的原则。

经典战例：兵败牛头山

249年，司马懿发动兵变，姜维趁机起兵伐魏。魏国的将军陈泰说："姜维让句安、李歆把守的曲山东西城，虽然城池很坚固，但远离蜀国，我们只要将其包围，让他们断粮断水，那么就可以不费一兵一卒占领城池。"郭淮采纳这个计策，在姜维过了牛头山后，让陈泰前去迎敌。郭淮截断姜维的归路，姜维首尾不能相顾，只好退兵；而句安等人由于等不到援军，只好投降。

第2章

作战篇

　　在《作战篇》之中，孙子从战争对人力、物力、财力等物质条件的依赖关系出发，指出旷日持久的战争对国家造成的危害。打持久战，无论是对国家还是人民来说，都并不是好事，从而引申出"速战速决"的重要性。

　　同时，孙子反对用简陋的武器去攻克坚固的城池，也反对在本国不断召集兵员和调运军用物资。他主张在敌国就地解决粮草问题，主张优待士兵、优待俘虏，主张用缴获的物资来壮大自己的实力。因为只有这样做，才能迅速克敌制胜。

其用战也贵胜，久则钝兵挫锐

原文

孙子曰：凡用兵之法，驰车千驷，革车千乘，带甲十万，千里馈粮；则内外之费，宾客之用，胶漆之材，车甲之奉，日费千金，然后十万之师举矣。其用战也贵胜，久则钝兵挫锐[1]，攻城则力屈[2]，久暴[3]师则国用不足。夫钝兵挫锐，屈力殚货[4]，则诸侯乘其弊而起，虽有智者，不能善其后矣！故兵闻拙速，未睹巧之久也[5]。夫兵久而国利者，未之有也。故不尽知用兵之害者，则不能尽知用兵之利也。

注 释

1.**久则钝兵挫锐**：钝，意思为不锋利。挫，挫伤。锐，锐气。

2.**力屈**：力量耗尽。屈，竭尽、穷尽。

3.**暴**：同"曝"，暴露在日光下，文中指在外作战。

4.**屈力殚货**：殚，枯竭。货，财货，此处指经济。

5.**故兵闻拙速，未睹巧之久也**：拙，笨拙。速，迅速取胜。巧，工巧、巧妙。

译 文

孙子说：用兵的规律，是要用千辆轻型战车、千辆重型战车、十万军队，还要跨越千里以运军粮，那么前后方的费用，招待使节、游士的费用，兵器的费用，每天都要消耗数万军资，十万大军才能前进。用这样大规模的军队作战，就应该要求迅速取胜。旷日持久会使军队疲惫，锐气受挫；攻打城池，会使兵力耗尽；军队长期在外作战，会使国家财力吃紧。如果军队疲惫、锐气挫伤、实力耗尽、国家财力枯竭，那么诸侯列国就会趁机发动进攻，那时候即使有足智多谋的人，也无法挽回败局。所以在军事上，只听说过指挥笨拙，但要求速胜的情况，而没有见过为讲究指挥技巧而追求持久战的现象。战事拖得越久，对国家越没有一点好处；所以不完全了解用兵弊端的人，也就无法真正理解用兵的妙处。

解 读

我们经常听说"时间就是金钱"，其实在战争中也是一样。军事家们常说的"兵贵神速""速战速决"，就是重视时间的表现。拿破仑曾说过一句话："我也许会失去一场战斗，但绝不会失去一分钟。"可见时间对于战争来说是何其重要。孙子提出，发动大规模的战役，最忌讳就是打持久战，因为战争要消耗很多物资，如果一拖再拖，就等于是在消耗国力、劳民伤财。不仅如此，旷日持久的战争还会使军心涣散，给敌人可趁之机。或许你派出了百万雄兵，但最后一败涂地。

引申到现代企业竞争，我们发现时间同样重要。管理大师彼得·杜拉克认为："时间是稀有资源，如果管理不好，那么什么也管理不好。"特别是在瞬息万变的商场中，如果你的行动稍有迟缓，那么就可能使自己陷入不利的境况，并造成巨大的损失。因此在商战中，速战思想也得到无数企业的重视。如果企业想要立于不败之地，那么只有对市场环境的变化做出快速反应，及时应对、快速出招。

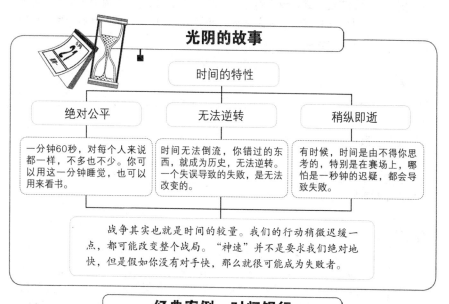

光阴的故事

时间的特性

绝对公平	无法逆转	稍纵即逝
一分钟60秒，对每个人来说都一样，不多也不少。你可以用这一分钟睡觉，也可以用来看书。	时间无法倒流，你错过的东西，就成为历史，无法逆转。一次失误导致的失败，是无法改变的。	有时候，时间是由不得你思考的，特别是在赛场上，哪怕是一秒钟的迟疑，都会导致失败。

战争其实也就是时间的较量。我们的行动稍微迟缓一点，都可能改变整个战局。"神速"并不是要求我们绝对地快，但是假如你没有对手快，那么就很可能成为失败者。

经典案例：时间银行

每天存入 86,400秒

最佳的选择：每天提领 86,400秒

一天，一位教授问一个学生："如果有一家银行，每天早上都在你的账户里存入86,400元，但每天的账户余额都必须在当日用掉，不能转到明天，遇到这种情况，你会怎么做呢？"

学生回答："我认为最佳的选择是每天将这些钱全部提领。"

教授说："对，我们是应该这样，不过你可能不知道，其实我们每个人都有这样的一个银行，它的名字是时间。每天早上时间银行总会为每一个人在账户里自动存入86,400秒，一到晚上，它也会自动把你当日虚度的光阴全部删除，没有一分一秒可以留到明天。"

取用于国，因粮于敌

善用兵者，役不再籍[1]，粮不三载[2]，取用于国，因粮于敌[3]，故军食可足也。国之贫于师者远输[4]，远输则百姓贫。近于师者贵卖[5]，贵卖则百姓财竭，财竭则急于丘役。力屈、财殚，中原内虚于家，百姓之费，十去其七。公家之费，破军罢马，甲胄矢弓，戟盾矛橹，丘牛大车，十去其六。

注 释

1. 役不再籍：役，兵役。籍，本义为名册，此处作动词用，即登记、征集。再，二次。
2. 粮不三载：三，多次。载，运送。
3. 因粮于敌：因，依靠、凭藉。
4. 国之贫于师者远输：之，虚词，无实义。师，指军队。远输，远道运输。
5. 近于师者贵卖：近，临。贵卖，指物价飞涨。

译 文

善于用兵打仗的人，在一次战争中不再征集兵员，粮草不多次运送。武器装备由国内提供，粮食给养在敌国补充，这样军队的粮草供给就充足了。国家因兵而导致贫困，就是由于远途运输使百姓陷于穷苦。邻近驻军的地区物价必定飞涨，物价飞涨，就会使百姓的财富枯竭。国家的财富枯竭，就急于增加赋役；如此一来，国内的每一家每一户都贫穷潦倒。百姓的财产会消耗十分之七；政府的财力，由于车辆的损毁、战马的疲劳、兵器的补充，以及运输工具的征用，而损失了十分之六。

解 读

孙子提出了"因粮于敌"的军事思想，说明经济对于战争的重要性。一位将军曾经说过："打仗的第一要素是钱，第二要素是钱，第三要素还是钱。"由此可见，战争有时就是拼国力，拼物资。所谓"兵马未动，粮草先行"，在古代战争中，最主要的消耗就是粮草，对此，孙子明确指出"国之贫于师者远输，远输则百姓贫"。在交通运输十分落后的情况下，远途运输不仅劳民伤财，而且会消耗国力，并且存在巨大的危机；因为一旦粮道被敌人断绝，那么局势就非常危险。孙子提出的"因粮于敌"思想，就是为了解决战略物资的一个妙方，取之于敌，以战养战。

　　"因粮于敌"在商战中也是一种重要的策略。很多精明的企业家最善于借助他人的力量"以战养战"，以此来实现自己的目标。特别对于实力较弱的小企业或小公司来说，如果能灵活掌握"因粮于敌"的技巧，借助外力，实现自己的经营计划，往往就能事半功倍。

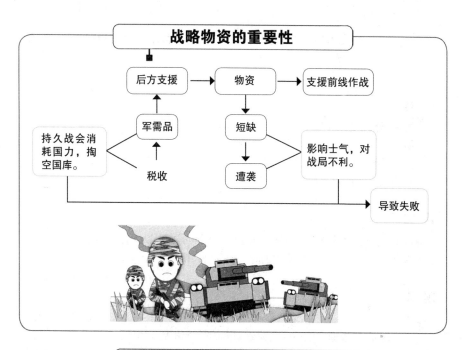

战略物资的重要性

后方支援 → 物资 → 支援前线作战

持久战会消耗国力，掏空国库。

军需品

税收

短缺

遭袭

影响士气，对战局不利。

导致失败

经典案例："因粮于敌"的化妆品

当你用过佛雷化妆品公司的产品后，再擦上詹林公司的粉质霜，将会收到意想不到的效果。

　　20世纪50年代，美国的佛雷化妆品公司在美国黑人化妆品市场上占有垄断的地位。当时，该公司的推销员乔治·詹森离职后，成立了詹森黑人化妆品公司。这个只有500美元资金、3个员工的小公司，无论在财力、人力还是物力方面都远远不及佛雷化妆品公司。后来，詹森研制了一种雪花膏。在推销该产品时，他做了一则这样的广告："当你用过佛雷化妆品公司的产品后，再擦上詹森公司的粉质霜，将会收到意想不到的效果。"很快，詹森公司的产品就被消费者接受，几年时间，其产品就将佛雷公司挤出市场，在50年代末独占美国黑人化妆品市场。

智将务食于敌

原文　　　　故智将务食于敌[1]，食敌一钟[2]，当吾二十钟；萁秆一石[3]，当吾二十石。

注释

1. **智将务食于敌**：智将，明智的将领。务，务求、力图。
2. **钟**：古代的容量单位，每钟为六斛四斗。
3. **萁秆一石**：萁秆，泛指马及其他中型牲畜的饲料。石，古代的容量单位，三十斤为钧，四钧为一石。

译文

明智的将帅总是务求在敌国解决粮草的供给问题。因为消耗敌国的一钟粮草，等同于从本国运送二十钟，耗费敌国的一石草料，相当于从本国运送二十石。

解读

古代由于交通不发达，运输粮草实际上是一个巨大的工程，不但耗资不斐，而且必须派兵保护粮道，这不仅会造成很大的经济负担，而且会分散兵力。针对这个现象，孙武强调"智将务食于敌"，因此历代的军事家都注重从敌人那里获取粮食。这样做不但可以减轻本国的负担、缓解运输的压力，而且能在一定程度上削弱敌国的实力。

我们放眼现在，许多外资企业进驻其他国家，不正是采用"务食于敌"的战略思想吗？外来的企业不会从本国输送人力和物资，而是就地取材，利用当地的原料、人力、厂房等生产加工，而成品则就地销售。如此一来，不仅可以减少关税，而且减少了运输费用，节约了人力成本。这些都可以降低产品成本，提高市场竞争力。例如：美国的通用公司在中国大陆投资建厂，除了采用本国公司的管理方式和生产技术以外，其他的原料、能源以及人力全部就地解决。

经典战例：攻取陈留

公元前208年，刘邦带兵开赴咸阳。公元前207年，军队因粮食不足，转而进军高阳。谋士郦食其建议刘邦："不如先攻打陈留，因为陈留是交通要道，存粮和兵员都十分充足，进退自如。"刘邦采取他的建议，攻下陈留，解决了粮草供应的问题。后来，刘邦借助陈留这个基地，迅速攻克咸阳，使秦朝灭亡。

"务食于敌"的精髓

物资不足 —— 本土运输 →→ 耗资巨大

→→ 危机重重 ▶ 后援的不稳定性，会直接影响前线。

就地取材 ↗ 节约成本 —— 免去运输费用，等于增加战略物资。

→ 降低风险 —— 不会担心敌人偷袭，节约兵力。

↘ 得到保障 —— 物资充足，为战争的可持续性奠定基础。

经典战例：神算难敌粮草

三国时代，诸葛亮曾经六出祁山、北伐曹魏，始终为粮草的运输问题而操心。后来，他发明木牛流马，但也不能有效地解决运输困难的问题。231年，诸葛亮五出祁山，这一次他采用"务食于敌"的策略，命先发部队出陈仓，经过剑阁；然而敌将司马懿料定诸葛亮会"割陇西的小麦，用来充当军粮"，于是率军到天水诸郡护粮。由于司马懿扼守险要关头，导致蜀军缺粮，最后不得不退兵。

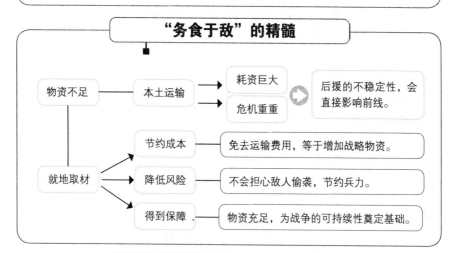

故杀敌者，怒也

原文

　　故杀敌者，怒也；取敌之利者，货也[1]。故车战，得车十乘已上[2]，赏其先得者，而更[3]其旌旗，车杂而乘之[4]，卒[5]善而养之，是谓胜敌而益强。

注　释

1.**取敌之利者，货也**：利，财物。货，财货，此处指用财货奖赏的意思。

2.**已上**：已，同"以"，"已上"即"以上"。

3.**更**：更换。

4.**车杂而乘之**：杂，掺杂、混合。乘，驾、使用。

5.**卒**：俘虏、降卒。

译　文

　　要让军队英勇杀敌，就应该激发士兵同仇敌忾的士气；要想夺取敌人的军需物资，就必须借助物质的奖励。所以，在车战中，凡是缴获战车十辆以上的，就奖赏最先夺得战车的人，并且换上我军的旗帜，混合编入自己的战车营之中。对于俘虏，要善待并保证供给。这就是说愈是战胜敌人，自己也就愈加强大。

解　读

　　自古至今，任何一个高明的将帅，都懂得如何激励自己的部下。孙子提出了用"怒"和"货"来激发士兵的战斗力，缴获敌人的物资。优秀的将领不仅善于激发士兵对敌人的仇恨，让他们在战场上勇往直前，而且善于利用战车的物资、赏罚分明。另外，孙子还主张善待俘虏，对他们要"善而养之"，不仅可以用精神的感召来消除他们的敌对情绪，而且可招降这些人，壮大自己的力量。

　　孙子对于"怒"和"货"的观点，恰好也是现代企业人力资源的要义。企业的经营原则是以人为本，在不同的激励方式下，人的潜力是有差别的。而企业家和管理人员所要做的，就是用最有效的手段激发员工最大的潜力。成功的企业在激励员工这方面都有独到之处，他们用多种激励方式来刺激经营活动的发展。

赏的艺术

刘邦

刘邦用人很有一套，有功则赏也是他的一大原则。凡是有功的将士，都会根据规章制度做出奖励。因此，很多人才，例如张良、萧何、陈平等人都愿意随他出生入死，最后成为了西汉帝国的开国元老。

项羽

项羽表面上体恤下属，士兵受伤都会亲自慰问。然而他不懂得奖赏的艺术，有时将帅立了战功，本应该封侯，他却将封侯的印章放在衣兜里，迟迟不肯给别人，以至于印章的四个角都被磨圆了。

激励士气的好处

激励的方法 —— 物质奖励 / 精神奖励 —— 提高士气

把个人的利益和团队的利益结合，提高员工的积极性。

让员工认同的奖励机制，可以让他们获得归属感，提高忠诚度。

即便没有得到奖励的员工，也会以此为目标，不断挖掘自己的潜力。

经典案例：将企业效益和员工利益结合

美国有一家罗伯德家庭用品公司，为了充分激发员工的积极性，而采取了"利润分成"的激励措施；也就是公司把每年赚得的利润，按事前规定的比例分配给每一个员工，公司的利润愈高，员工分到的愈多。这个措施充分激发员工的积极性，公司的业绩迅速增长。在短短几年内，就成长为一家大型企业。

让员工成为公司的一分子，以增加积极性。

兵贵胜，不贵久

原文

故兵贵[1]胜，不贵久。

注 释

1.贵：重在、贵在。

译 文

因此，用兵打仗贵在速战速决，而不宜旷日持久。

解 读

孙子多次强调了"速战速决"的重要性，打一场战争，并不是为了比谁的国力雄厚，旷日持久。打仗的目的只有一个，那就是战胜敌人。而且，战胜敌人一定要避免打拉锯战，战争越快结束越好。前面已经提到过持久战对于国家和人民的危害，在这里，孙子又强调速战速决的重要性。这种作战原则，在现代战争中仍有借鉴意义。速战能使我方拥有初战的锐势和主导战争的优势，从而占据先机；而敌方面对我军的快速攻击，常常会感到措手不及。

古人说"一寸光阴一寸金"，时间就是金钱，经商之道同样贵在神速。在现代企业家的眼中，时间就等于生命。只要稍不留神，你就可能被对手超过，因而损失大量的市场和商机。如果一种新产品要投入市场，那么就必须要"快"、要"早"。我们都记得第一个登上月球的人，但很少有人知道第二个是谁。同样的道理，如果你慢了半拍，那么就很有可能失去第一的位置，进而被对手击败。

经典案例："康师傅"的诞生

顶新集团的高层，原本计划在1987年底到欧洲投资；然而当时台湾当局宣布开放大陆探亲，他们灵机一动，立即改变行程，决定在大陆市场寻求发展的契机，最后他们看上"方便面"这块市场。为了比对手更快地抢夺先机，顶新集团决定根据大陆人的口味制作新的方便面。最后经过不断努力，"康师傅"这个品牌诞生了，而且获得消费者的普遍好评。"康师傅"问世之后，在短短时间内就赚了一大笔钱，将对手远远地抛在后面。

经典战例：神速的以色列人

1976年6月27日，八名巴勒斯坦人和两名西德人，在乌干达的恩德培机场劫持了一架从以色列飞往巴黎的大型客机。机上乘客绝大多数是以色列人，因此以色列成立了应急指挥部，一方面和劫持者斡旋，一方面拟订"恩德培行动"，准备抢救人质。乌干达离以色列本土很远，而且途经许多敌国，如果处理不当，那么就会威胁人质的生命。对此，以色列首先了解机场的状况，然后派出突击队，于7月3日下午两点搭乘飞机起飞，低空飞行8小时后，到达恩德培机场上空。以色列军方的迅速行动，没有引起敌国的注意。7月3日晚上11点整，以军突击队员以迅雷不及掩耳之势，击毙机场的乌干达士兵和劫机者，并用坦克导弹炸毁机场的米格战斗机和石油库，乌干达派出的整连增援部队也被突击队击溃。"恩德培行动"从开始到结束，仅仅用了不到一个小时。随后，以色列人质和突击队人员搭乘运输机，全部安全返回祖国。

以色列人为何能战胜劫匪？

以色列迅速应对状况，成立指挥部，着手准备。

迅速成立指挥部

迅速增援

同时

低空飞行

以色列军方迅速将突击队员送达恩德培机场

劫匪劫持人质，和指挥部谈判，没有想到以色列军方早有另一个计划。

迅速展开攻击

知兵之将，民之司命，国家安危之主

原文　故知兵之将[1]，民之司命[2]，国家安危之主[3]也。

注　释

1. **故知兵之将**：知，认识、了解。指深刻理解用兵之法的优秀将帅。
2. **民之司命**：民，泛指一般人民。司命，传说主宰生死之神，此处引申为命运的主宰。
3. **国家安危之主**：国家安危存亡的主宰者。主，主宰之意。

译　文

懂得用兵之道的将帅，是人民生死的掌握者，是国家安危存亡的主宰。

解　读

"千军易得，一将难求"往往令人感慨，可见将帅在战争中的作用尤其重要。作为一个带兵打仗的将领，并不一定要武艺高强，但一定要熟知兵法，可以驾驭千万大军打胜仗。将帅令旗一挥，士兵冲锋陷阵，结果是胜是败，不仅关系到士兵的生命，而且关系到国家和人民的安危。一个优秀的将帅不仅要懂得带兵，而且要周密谋划，用最小的代价取得最大的胜利。而一个不懂得用兵之法的将帅，将对国家造成不可预测的损失，甚至导致国破家亡。因此，孙子在《孙子兵法》中多次提到任用良将的重要性。

企业的运作同样需要优秀的管理人才，一个精通市场运作的管理人员对企业的发展来说是至关重要的，他不仅能通过正确的市场决策将企业带上高速发展的道路，还能影响一个企业的经营理念、管理思想甚至企业文化。可见，企业拥有优秀的管理人才，和军队拥有良将同样重要。有人经常会质疑："那些企业高层的年薪为什么那么高？凭什么啊？"其实他们凭的就是能用一元赚一亿元的本领。

经典战例：尴尬的胜利

皮洛士（Pyrrhus）是古希腊伊庇鲁斯的国王，公元前279年，皮洛士入侵阿普里亚，在阿斯库路姆战役中击败罗马军队，但是自身也损失惨重。部下在对他表示恭贺时，皮洛士说："如果这种胜利再发生一次，你我都无法回国了。"后人称这种得不偿失的胜利为"皮洛士式的胜利"。

人才的重要性

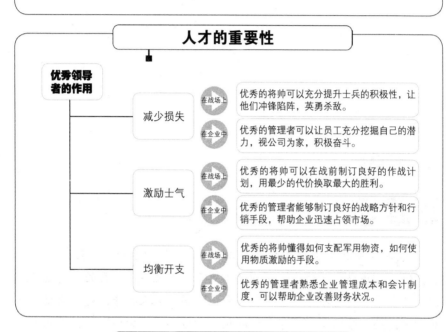

优秀领导者的作用

减少损失

在战场上 ▶ 优秀的将帅可以充分提升士兵的积极性，让他们冲锋陷阵，英勇杀敌。

在企业中 ▶ 优秀的管理者可以让员工充分挖掘自己的潜力，视公司为家，积极奋斗。

激励士气

在战场上 ▶ 优秀的将帅可以在战前制订良好的作战计划，用最少的代价换取最大的胜利。

在企业中 ▶ 优秀的管理者能够制订良好的战略方针和行销手段，帮助企业迅速占领市场。

均衡开支

在战场上 ▶ 优秀的将帅懂得如何支配军用物资，如何使用物质激励的手段。

在企业中 ▶ 优秀的管理者熟悉企业管理成本和会计制度，可以帮助企业改善财务状况。

用兵的技巧

范仲淹

宋朝时，范仲淹与韩琦同任陕西经略副使。仁宗庆历元年（1040年），西夏进犯边境。韩琦主张讨伐西夏，而范仲淹则认为应当首先注重农桑、减轻赋税、整顿武力，不可贸然举兵。然而韩琦贪功急进，导致水川口之战大败，损兵折将；而范仲淹则积极发展生产、整顿武备、养精蓄锐，被称为"胸中自有十万甲兵，不战而降西夏"。

第③章

谋攻篇

　　本篇主要讲述怎样用计谋战胜敌人。孙武提出了"全胜"的概念，通过"伐谋""伐交"达到"不战而屈人之兵"的目的。透过"全国""全军""全旅""全卒""全伍"强迫敌人投降，是最理想的作战方案；而"破国""破军""破旅""破卒""破伍"等，用武力击破敌人则是次一级的办法，是"非善之善者"。

　　在本篇中，孙子提到了"十则围之，五则攻之"的著名战略思想，也就是有十倍于敌的兵力就包围敌人，有五倍于敌的兵力就进攻敌人。同时强调"知彼知己，百战不殆"的重要性，只有了解敌我双方的实力，才能在战场上取得先机。

不战而屈人之兵，善之善者也

原文

孙子曰：凡用兵之法，全国为上，破国次之[1]；全军[2]为上，破军次之；全旅[2]为上，破旅次之；全卒[2]为上，破卒次之；全伍[2]为上，破伍次之。是故百战百胜，非善之善者也；不战而屈[3]人之兵，善之善者也。

注 释

1. 全国为上，破国次之：全，完整。破，攻破、击破。
2. 军、旅、卒、伍：春秋时军队编制单位。一万两千五百人为军，五百人为旅，一百人为卒，五人为伍。
3. 屈：屈服、降服。

译 文

孙子说：一般的战争指导法则是，使敌人举国投降为上策，若只是击破敌国，则略逊一等；使敌人全军降服为上策，击溃敌人的军队略逊一筹；使敌人全旅完整地投降为上策，用武力击垮它就逊一筹；使敌人全卒完整地降服是上策，用武力打垮它就次一等；使敌人全伍降服是上策，用武力击溃它就次一等。因此，百战百胜，并不是最高明的手段；不交战而能使敌人屈服，这是最高明的。

解 读

提到战争，我们都会联想到战马嘶鸣、真刀真枪的战场，然而孙子在自己的著作里，却并没有赋予"战术"最高的地位，他提出了全胜的战略思想——"不战而屈人之兵"。我们回想一下战争的目的是什么？是靠征服获得土地，还是靠厮杀得到财富？其实打仗的最终目的是为了国家的安全和人民的幸福，但是战争必定要付出沉重的代价；因此孙子提出了"百战百胜，非善之善者也；不战而屈人之兵，善之善者也"的主张，他认为兵不血刃而取得战争胜利是最高的境界，也就是采用高超的谋略，不费敌我双方的一兵一卒，迫使敌人投降的方法。如果战争能够以这样的方式结束，那么自然比"杀敌一千，自损八百"的战术高明，不但保全了士兵的生命，而且同样达到获胜的目的。

放眼现实社会，企业之间的竞争，是不是也非常类似呢？我们经常可以看见很多同类产品的竞争异常激烈，有的甚至不断地降价，采用恶性竞争的手段来打击对手；然而结果呢？或许你可以占领更多的市场，但已经元气大伤。不战而屈人之兵，才是谋攻的最高境界，同时也是战略的最高目标。许多企业常常利用广告造势，让自己的产品深入人心，这样一来，就算不采用价格战，很多产品依然可以得到消费者的认同。

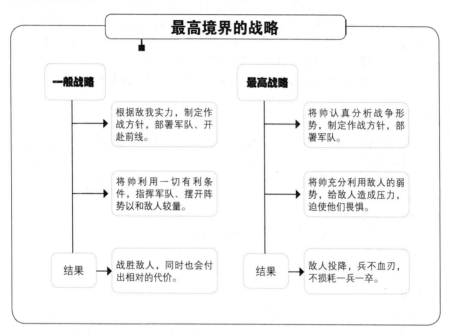

最高境界的战略

一般战略

- 根据敌我实力，制定作战方针，部署军队、开赴前线。
- 将帅利用一切有利条件，指挥军队、摆开阵势以和敌人较量。
- 结果 → 战胜敌人，同时也会付出相对的代价。

最高战略

- 将帅认真分析战争形势，制定作战方针，部署军队。
- 将帅充分利用敌人的弱势，给敌人造成压力，迫使他们畏惧。
- 结果 → 敌人投降，兵不血刃，不损耗一兵一卒。

经典战例：烛之武退秦师

秦穆公三十年（公元前630年），晋国和秦国一起讨伐郑国。郑国的使者烛之武对秦穆公说："郑国灭亡了，其实对秦国一点好处也没有，一是帮助晋国扩大了地盘，增加了实力；二是秦国虽然对晋国有恩，晋国却有恩不报，修筑城池，时时刻刻都把秦国当成敌人；三是晋国贪得无厌，郑国灭亡后必然会攻打秦国。"烛之武的一番话，使秦国和郑国反敌为友，缔结盟约，而晋国也只好罢兵。

上兵伐谋，其次伐交

原文

故上兵伐谋[1]，其次伐交[2]，其次伐兵，其下攻城。攻城之法[3]，为不得已。修橹轒辒，具器械，三月而后成；距堙，又三月而后已。将不胜其忿，而蚁附之，杀士卒三分之一，而城不拔者，此攻之灾也。故善用兵者，屈[4]人之兵而非战也；拔人之城而非攻也；毁人之国而非久也。必以全[5]争于天下，故兵不顿[6]而利可全，此谋攻之法也。

注 释

1. **上兵伐谋**：上兵，用兵之法。伐，进攻、攻打。谋，谋略。伐谋，以谋略克敌制胜。
2. **其次伐交**：交，交合，此处指外交。伐交，即进行外交争斗以争取主动。
3. **法**：办法、做法。
4. **屈**：使人屈服。
5. **全**：即上文所说的"全国""全军""全旅""全卒""全伍"的"全"。
6. **顿**：整顿、召集。

译 文

用兵的上策是用谋略战胜敌人；其次是挫败敌人的外交联盟；再次就是直接与敌人交战，击败敌人的军队；下策就是攻打敌人的城池。选择攻城的做法实出于不得已。制造攻城的盾和器械，要几个月才能完成；修筑攻城的土山，也要几个月才能完成。将帅不能控制自己的愤怒，让士兵像蚂蚁一样去攻城，结果伤亡了三分之一，而城池未能攻克，这是攻城带来的灾难。善于用兵的人，使敌人屈服不是靠交战，攻占敌人的城池也不是靠强攻，毁灭敌人的国家更不是靠久战。一定要用全胜的战略争胜天下，这样才不会使自己的军队疲惫受挫，又能取得圆满、全面的胜利，这就是以谋略胜敌的标准。

解 读

在这里，孙子再次将"谋略"放在一个制高点，用谋略战胜敌人，才是上上策。我们都知道战争的目的就是让敌人屈服，而孙子则强调以智取胜比凭借武力取胜要高明得多。因为以智取胜，我方付出的代价不大，有利于保存实力；凭借武力取胜，即便是再高明的战术，也免不了造成一定的损失。但最高的境界，恰恰也是最难的，从古至今，能够通过"伐谋"就可以不战而胜的战争其实屈指可数。那么如果达不到"伐谋"怎么办呢？孙子提出第二种策略，就是"伐交"。有时候大规模的战争，往往不是两个国家之间的争斗，敌我双方都有盟国。在这种情况下，分化瓦解敌国盟军，同时巩固我国的联盟，也可以达到不战而屈人之兵的效果。如果"伐交"也不能办到，那就只能在战场上一决高下了。

回到现实社会，我们也可以经常接触到企业之间的商战。商战虽然是经济实力的较量，但同时也是智慧的碰撞。企业通过"伐谋"获得成功，通过计策战胜对手，既可以保存实力，又能占领市场，这才是上策。而很多同类产品之间的"价格血拼"，其实是下策，两败俱伤的例子也是屡见不鲜。因此，无论是战场，还是商场，谋略始终是不可或缺的制胜法宝。

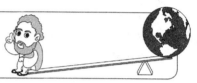

Tips 阿基米德说：给我一个支点我可以举起整个地球。一个大力士和一个懂得杠杆原理的人，谁能搬运更重的东西呢？

经典战例：田忌赛马

春秋战国时期，齐国将军田忌经常与齐威王赛马，但每次都输，因为田忌的马总没有齐威王的好，他总是以上马对上马、中马对中马、下马对下马，因此屡战屡败。孙膑告诉田忌："你现在用下马对上马，以上马对中马，以中马对下马，就可以三战二胜，赢得全局。"田忌按照孙膑的方法，果然赢了齐威王。马还是那些马，但顺序一变，便使胜负迥异。

●田忌的策略

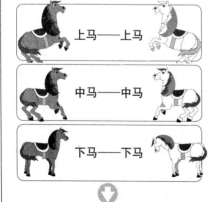

上马——上马

中马——中马

下马——下马

典型的硬碰硬战略，由于田忌马匹的素质都不如齐威王，所以只有失败。这属于下策——"伐兵"和"攻城"。

●孙膑的策略

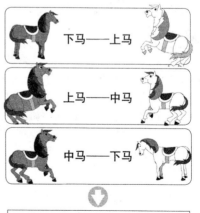

下马——上马

上马——中马

中马——下马

典型的"伐谋"策略，马匹没变，但是改变了顺序，突出自己的优势，最后获得胜利。

用兵之法，十则围之

原文

故用兵之法，十则围之[1]，五则攻之，倍则分之[2]，敌则能战之[3]，少则能守之[4]，不若则能避之。故小敌之坚，大敌之擒也[5]。

注 释

1.**十则围之**：兵力十倍于敌就包围敌人。

2.**倍则分之**：倍，加倍。分，分散。

3.**敌则能战之**：敌，指兵力相等、势均力敌。能，乃、则的意思，此处与则合用，以加重语气。

4.**少则能守之**：少，兵力少。守，防守躲避。

5.**故小敌之坚，大敌之擒也**：小敌，弱小的军队。之，助词。坚，坚定、强硬，此处指固守硬拼。

译 文

因此用兵的原则是，拥有十倍于敌人的兵力就包围敌人，拥有五倍于敌的兵力就进攻敌人，拥有两倍于敌的兵力就设法分散敌人，兵力相等就要努力抗击敌人，兵力少于敌人就要退却，兵力弱于敌人就要避免决战。所以，弱小的军队如果一味坚持硬拼，就势必成为敌人的俘虏。

解 读

孙子在这里阐明自己独到的战略思想，也就是分析了敌我实力之后，到底该采取怎样的行动。一方面，孙子主张在占有绝对优势兵力的情况下（十则围之，五则攻之），采用进攻的策略，集中自己的优势兵力，致命打击弱小敌人，因为兵力占优势会取得良好的士气，以强攻弱，往往能摧枯拉朽。另一方面，孙子反对在己方实力弱小（少则能逃之，不若则能避之）的情况下和敌人硬碰硬，避其锋芒、保存自身的实力。总之，无论对待敌人还是自己，都要审时度势，根据不同的情况采取不同的战术。

在企业经营战略中，"十则围之，五则攻之"的战略也充分得到了应用。实力强大的企业，可以利用雄厚的资金、技术、人才等多方面优势，不断开拓市场，让对手没有可乘之机；而规模较小、实力弱小的公司，则要寻找市场的盲点、扬长避短，集中自己的优势，在局部市场上做文章，避免与大企业正面交锋，进而站稳脚跟。

经典战例：智解天京之围

1858年，清军的江南大营围困天京，直接威胁到太平天国的中央政权。此时太平军兵力不占优势，所以为解天京之围，李秀成与李世贤会师天京进攻杭州，截断清军粮路。攻下杭州后，太平军虚张声势，使清军急忙调集五分之二的兵力回救杭州。太平军趁机金蝉脱壳，会师建平，攻克了江南大营，解了天京之围。

Tips 许很多人都向往"四两拨千斤"的境界，都想达到"谈笑间，樯橹灰飞烟灭"的效果。然而并非所有的弱旅都能战胜强队，战争是残酷的，没有十足的把握，以弱攻强无异于鸡蛋碰石头，所以我们必须根据实际情况来制定战略和战术。

用兵之法示意图

● 十则围之

● 五则攻之

● 倍则分之

● 敌则能战之

● 少则能逃之，不若则能避之

双方兵力相当时，就伺机而战

Tips 孙子的这个战略，并不能用加减法去机械式地运用，并非要五倍于敌人的兵力才能进攻，而是必须根据战场的实际情况随机应变，这样才不会陷入窠白。

夫将者，国之辅也

原文　　夫将者，国之辅也[1]，辅周则国必强[2]，辅隙则国必弱[3]。

注 释

1. **国之辅也**：国，指国君。辅，原意为辅木，这里引申为辅助、助手。
2. **辅周则国必强**：周，周密。言辅助周密，相依无间，国家就强盛。
3. **辅隙则国必弱**：隙，缝隙，此处指有缺陷、不周全。此句言辅助有缺陷，则国家必弱。

译 文

将帅是国君的助手，辅助周密，国家就一定强盛；辅助有缺陷，国家就一定衰弱。

解 读

兵法再高明，计谋再绝妙，也要有可以执行的人，因此运用兵法的将帅就显得尤为重要。书本上的知识人人都可以阅读，但要领略其中的奥义，要能运用到实际，那么就只有"将才"可以做到。一支军队或者一个组织，如果没有人领导和驾驭，那么就无异于一盘散沙，不堪一击；如果军队的指挥官没有良好的指挥能力，那么就会导致战局失利、生灵涂炭。从一定程度上来说，兵法其实就是为将帅所写。作为军事计划的制定者和战略决策的执行者，将帅不仅关系到战争的胜负，而且掌握国家的安危。因此，孙子其实提出了一个要求：对于君王来说，选将任帅一定要十分谨慎；对于将帅来说，必须具备优秀的能力，才有资格带兵打仗。总之，在作战时，将帅是具有决定性作用的人。

触类旁通，对于一个企业来说，主管和人才就是最宝贵的资产。一个优秀的领导者，懂得如何制定战略计划，并能保证计划和策略得以有效的实施。而企业之间的竞争，本质上是人才的竞争。企业如果没有可以带领员工冲锋陷阵的人才，那么在竞争中就毫无优势可言，甚至会一败涂地。因此，对于企业的经营者来说，选才任贤同样是企业重要的决策。

经典战例：纸上谈兵的教训

公元前260年，秦国起兵攻打赵国，赵国大将廉颇驻守长平，他坚持固守的原则，使秦军久攻不下，无可奈何。后来，赵孝成王中了秦国的离间计，用纸上谈兵的赵括代替廉颇。赵括虽然熟读兵书，却毫无带兵打仗的经验，他轻率出击，导致赵军全军覆没，四十万赵国的士卒被秦军活埋，赵国从此一蹶不振。

选拔人才的"五力"

无论是军队还是企业选拔人才，都有一套考核的标准，整体来说，可以概括为五个方面。作为一个优秀的管理人员，具备这五种能力，才能"辅国""强兵"。

专业能力
这是最基本的能力，只有具备足够的专业技巧，才能够胜任基础的工作。

团队组织能力
光是拥有优秀的专业能力还不够，作为一个领导者，必须可以带领自己的团队执行各种任务。

人际交往能力
不善于和众人打交道的人，是不可能得人心的，不服众的领导，又怎么可能发挥自己的特长呢？

沟通能力
良好的沟通，是确保部下准确执行任务的前提，如果部下无法了解领导者的意思，那么就会导致失误。

压力承受能力
抗压性是领导者的必备素养，面对压力要指挥若定，这样才能带领团队取得胜利。

君之所以患于军者三

原文

故君之所以患于军者三[1]：不知军之不可以进而谓之进，不知军之不可以退而谓之退，是谓縻军[2]；不知三军[3]之事，而同三军之政，则军士惑矣[4]；不知三军之权，而同三军之任，则军士疑矣。三军既惑且疑，则诸侯之难至矣，是谓乱军引胜[5]。

注　释

1.**故君之所以患于军者三**：君，国君。患，危害。

2.**是谓縻军**：这里当作"束缚军队"。縻，束缚、羁绊。

3.**三军**：泛指军队。

4.**军士惑矣**：军士，指军队的吏卒。惑，迷惑、困惑。

5.**是谓乱军引胜**：乱军，扰乱军队。引，失去之意。

译　文

国君危害军事行动的情况有三种：不了解军队不能前进而硬使军队前进，不了解军队不能后退而强迫军队后退，这叫束缚军队；不了解军队的内部事务，而去干预军队的行政，就会使将士迷惑；不懂得军事上的权宜机变，而去干涉军队的指挥，就会使将士产生疑虑。军队既迷惑又心存疑虑，那诸侯列国趁机进犯的灾难也就会随之降临，这叫作自乱其军。

解　读

回顾历史，我们总能读到一些故事，例如，带兵打仗的将帅智勇双全，然而最后竟然打了败仗，甚至投降敌军，总结原因，发现导致失败的人竟是国君。孙子在这里对君主提出了一个要求：不能干涉将帅的独立指挥权。君主一旦选好了将领，就应该授权于他，不能随意干预。虽然将帅受令于君主，负责安国、辅君、保民的任务，但战场的变化是很快的，将帅很有可能根据实际情况更改战略战术，因此又有"将在外，君命有所不受"的说法。古代的通信条件不如现在发达，将帅在外征战，即便要向国君汇报战况，也会有时间上的延迟。所以，只要将帅保国安民的最高宗旨没有改变，那么国君就应该充分信任他，这就是"用人不疑，疑人不用"。

同理，在企业管理中，一旦企业经营者把具体的任务交给管理者，那么就不能任意干涉具体业务。如果某家大型企业的老板，每天要过问每个员工的工作状况、监督每个人的工作进度，那么可想而知他是多么不信任自己的管理人员。这样做的后果，一是老板自己分身乏术，劳累不堪；二是管理层的作用难以充分发挥，导致企业整体经营不善。一个优秀的领导者，一定会让自己的左右手充分发挥才干与能力。

经典案例：三星的用人之道

　　韩国三星集团老板李秉哲在他五十多年的企业生涯中，一直坚持"人才第一"的经营理念。"三星商会"开业不久，李秉哲大胆聘用声誉不佳且一直没找到工作的李舜根，并把期票的发行、印章的管理等几乎所有的日常业务都交给李舜根打理。如此举动，让李秉哲身边的工作人员十分担心。但李秉哲认为，怀着疑心用人就不能发挥人才的长处。后来事实证明，李舜根的确是个能干且可靠的人，他没有辜负李秉哲的信任，对"三星商会"的迅速发展发挥了重大作用。

用人不疑，疑人不用

选拔人才的基本准则

发现疑人 —— 从诸多方面，严格考核人才的能力和人品。 —— 发现可用的人才

经过筛选后淘汰

经过评定后录用

防止人才上任后，经营者因为不信任他，而难以开展业务。

要充分信任经过考核的人才，让他尽情施展自己的才能。

多疑的崇祯皇帝

崇祯

崇祯皇帝名朱由检（1611年~1644年），中国明朝皇帝。崇祯皇帝为明光宗第五子。天启二年（1622年）受封为信王，天启七年（1627年）即位，改元崇祯。他是明朝第16任（最后一任）皇帝。

　　明崇祯皇帝在剿灭明末农民起义军的时候，曾经多次换将，先用杨鹤主抚，后用洪承畴，再用曹文诏、陈奇瑜，复用洪承畴，再用卢象升、杨嗣昌、熊文灿，复用杨嗣昌，最后还错杀了衷心耿耿的袁崇焕，导致大明江山被异族侵占。

此五者，知胜之道也

原文

故知胜有五：知可以战与不可以战者胜，识众寡之用者胜[1]，上下同欲者胜[2]，以虞[3]待不虞者胜，将能而君不御者胜[4]。此五者，知胜之道[5]也。

注 释

1.识众寡之用者胜：众寡，指兵力多少。

2.上下同欲者胜：欲，同欲，意愿一致，指齐心协力。

3.虞：有准备。

4.将能而君不御者胜：能，有才能。御，原意驾驭，这里指牵制、制约。

5.道：规律、方法。

译 文

预知胜利的情况有五种：知道可战与不可战的情况，就能够取得胜利；了解兵多和兵少的不同用兵方法，就能够取得胜利；全军上下齐心协力，就能够获得胜利；准备充分的一方对付没有准备的一方，可以取胜；将帅有才能而国君不加干涉的，能够取胜。这五条规则，就是预知胜利的方法。

解 读

战争的胜败是可以预知的吗？也许有人会说："战场上风云变幻，怎么可能在战前预测胜败呢？能不能取胜只有较量过后才知道。"然而，孙子在这里就列举五种取得胜利的先见之明。只要在战前注意观察敌我双方的情况，那么完全可以推断出哪方占有优势。同时，孙子指出，在自己具备胜利条件的情况下出兵，才有获胜的把握。他认为要从分析战争的形势、用兵的方法、军队的士气、我军的准备情况和优秀将帅的指挥权等五个方面分析战况，才能预知胜利。

同样的道理，在竞争激烈的商战中，要战胜对手，同样需要分析这五个方面。所谓分析战争的形势，就是要掌握市场的动向，对比同行业企业的优劣；所谓用兵之法，就是要采用正确的经营策略；所谓军队的士气，就是要尽可能地激发员工的潜力；所谓备战，就是要为经营策略的执行做好充分的准备；所谓指挥权，就是经营者要具备良好的经营素质。这五点就是取得胜利不可缺少的条件。另外，如果企业的实力并不雄厚，受到规模、资金的限制，那么要想在市场中站稳脚步，就要认真分析客观条件，选择能充分发挥自身优势的市场，进行专业化生产，采用"小而精"的战略。这也是"识众寡之用者胜"的精妙之处。

预知胜利的五大法宝

看清形势

制定战略

提高士气

积极备战

指挥得当

经典战例：王霸用兵

刘秀

汉光武帝刘秀（公元前6年～57年），字文叔，汉景帝后裔，东汉王朝的建立者。刘秀执政时期，以节俭为原则，发展生产、兴建太学、提倡儒术，使国力强盛。刘秀在位三十三年，谥号光武，即光绍前业之意，庙号世祖。

　　东汉初年，刘秀的部将马武被敌军苏茂、周建打败，向王霸求救。而王霸说："敌军人多势众，出兵必然失败。"所以坚持不发兵。众人不理解王霸的这种做法，王霸对众将士说："敌人众多，如果不坚守就不能避其锋芒。我之所以表现出不救的样子，就是为了使敌人松懈，敌人必然会贸然进攻。而马武没等到援兵，一定会愈战愈勇。等敌人疏忽的时候，我再进攻，那么必定会大败敌人。"苏茂、周建见王霸按兵不动，果然出兵攻打马武。而王霸等到敌军疲惫时，忽然发兵，苏茂和周建腹背受敌，最后败走。

知彼知己，百战不殆

原文
　　故曰：知彼知己，百战不殆[1]。不知彼而知己，一胜一负[2]。不知彼，不知己，每战必殆。

注 释

1.**殆**：危险、失败。

2.**一胜一负**：即胜负各半，指没有必胜的把握。

译 文

　　所以说：既了解敌人，又了解自己，百战都不会有任何危险；虽不了解敌人，但了解自己，便有时能胜利，有时会失败；既不了解敌人，又不了解自己，则每次用兵都会有危险。

解 读

　　"知彼知己，百战不殆"这八字言简意赅，是世人皆知的名言。孙子在这里再次强调了解战况的重要性，首先要做到知彼：要了解敌人的兵力，摸清敌兵的兵器部署、作战方案、进攻路线、时间、地点、主帅等基本情况，然后再制定克敌之策；其次是知己，也就是要充分了解自己的状况。只有了解双方的情况，才会有十足的把握对付敌人。如果仅仅是了解自己，而对敌人的情况不甚明了，那么胜败就难以预测。如果对双方都不了解，那么每一次出兵都危机重重。"知彼知己，百战不殆"是孙子关于兵家制胜、"知"与"战"关系的思想原则，它既包括对敌我双方各种客观条件的了解，和对战争的指导规律与作战原则的认识，还显示出掌握和了解敌方情况与战争胜负的关系。这八个字不仅是历代兵家必须遵循的谋略原则，也已成为科学的真理。

　　无论是企业的生存和发展，还是日常的生活，都可以用到"知彼知己，百战不殆"的战略。企业的产品要占领市场，就必须对同类产品有深入的了解，同时总结自己的优势和劣势，再制定具体的经营策略。一个消费者如果想要购买某种产品，但却盲目地去商场，那么很有可能被销售员误导，买到CP值不高的商品，但假如在购买之前就货比三家，并且清楚自己的需求，那么就不会出现"买错东西"的情况了。只要我们参透了"知彼知己，百战不殆"这八字所蕴含的智慧，那么就可以将其用于生活的各方面。

经典案例：项羽的弱点

　　楚汉战争时期，刘邦一直想消灭实力强大的项羽，但一直苦于没有很好的计策。韩信对刘邦分析了他可以打败项羽的几大原因："项羽这个人，有很多缺点。一是有勇无谋，二是背信弃义，三是目光短浅，四是赏罚不分，五是不得人心、残暴刚愎。而我军纪律严明，深得民心，所以一定可以打败他。"刘邦采纳韩信的建议，逐渐反败为胜，最后击败了项羽。

第二次世界大战时，日本军队的胜败关键

第二次世界大战时，有两次著名的战役，偷袭珍珠港和中途岛海战。日本人一胜一败，这其中到底有什么奥妙呢？

偷袭珍珠港成功的原因	中途岛海战失败的原因
日军得到可靠情报，了解美军的一举一动。	日军想在太平洋战争中取得决定性胜利，于是制定战略计划。
根据敌我情况，制定了偷袭计划。	日军情报被美军破译，日军的所有行动美军都了如指掌。
1941年12月7日，日军发动突袭，重创美国太平洋舰队，取得巨大的胜利。	1942年6月4日，美军发动攻击，一举击沉"赤城""加贺""飞龙""苍龙"四艘日本航空母舰，取得了中途岛海战的决定性胜利。

偷袭珍珠港

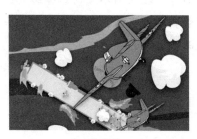

中途岛海战

第④章

军形篇

　　本篇主要论述用兵打仗，首先要让自己立于不败之地，先为自己创造不被打败的条件，以等待进攻的时机。孙武认为：战争的胜负决定于敌我双方力量的大小，要想战胜敌人，就必须使自己在力量上处于绝对的优势，获得压倒性的胜利。除此之外，还要善于抓住敌人的弱点，轻而易举地战胜敌人。孙武认为，要在作战中取胜，就必须认真对待进攻和防守。在兵力不足时选择防守，兵力充足时发动进攻。防守时要注意隐蔽自己的实力，而进攻时则要杀得敌人措手不及，这样才能达到"自保而全胜"的目的。

善战者，先为不可胜

原文

孙子曰：昔之善战者，先为不可胜[1]，以待[2]敌之可胜。不可胜在己，可胜在敌。故善战者，能为不可胜，不能使敌之可胜。故曰：胜可知，而不可为[3]。

注释

1.先为不可胜：为，造成、创造。不可胜，使敌人不可能战胜自己。

2.待：等待、寻找、捕捉的意思。

3.胜可知，而不可为：知，预知、预见。为，强求。

译文

孙子说：从前善于用兵打仗的人，先要做到不会被敌方战胜，然后捕捉时机战胜敌人。不会被敌人战胜的主动权掌握在自己手中，能否战胜敌人则取决于敌人是否有弱点。所以，善于打仗的人，能创造不被敌人战胜的条件，却不可能做到使敌人一定被我战胜。所以说：胜利可以预见，但不可强求。

解读

孙子在这里强调了一个原则，那就是在作战时，首先要保证自己不会被敌人战胜。怎样做才能立于不败之地呢？那就是要加强自身的实力。

军队的实力是多方面的，例如士兵是否训练有素、武器装备是否精良、军需是否充足，等等。只有拥有足够的实力，才能在战场上取得优势。当然，光是兵精粮足也未必能战胜对手，假如对手同样强大，又该如何应对呢？

孙子说，找到敌人的弱点非常关键，因为战场上斗智斗勇，取胜的关键就是要抓住敌人疏忽大意的地方。

在竞争日益激烈的商场，要为自己的企业赢得一席之地，成为最终的胜利者，必须根据市场的风云变幻而随机应变，创造不被对手战胜的条件。正如孙子所说，要做到"先为不可胜"，企业要不断地创新，增强自己的竞争力，掌握竞争的主动权，只有这样才能永续经营，立于不败之地。

经典战例：智取匈奴

战国末年，匈奴的势力非常强大，经常侵扰赵国边境，赵国大将李牧戍守边疆，总是采取守势，不与匈奴军队直接交锋，却在暗中训练士兵，养精蓄锐。后来赵王派人顶替李牧，赵军主动出击，却接连被匈奴打败。李牧复职后，仍然加强战备，等待时机。很多年后，李牧见时机成熟，开始和匈奴交锋，他指挥赵军，佯装败退、诱敌深入，然后设置了伏兵，一举大破匈奴，歼敌数十万，使赵国北部边境得以安宁。

养精蓄锐的重要性

战场上兵戎相见

若 两军奋力厮杀　　结果 两败俱伤

若 一方坚守，保存实力　　结果 乘虚而入，大获全胜

蓝色巨人的实力

IBM公司在成立后的几十年来，一直是非常成功的企业，被称为"蓝色巨人"。正因为成功，IBM在一段时期放松了积极求进步的步伐，使自己在市场上的垄断地位渐渐被其他高速发展的企业所打败。后来IBM意识到停滞就会落后，于是开始积极变革、不断地创新，最后终于迎头赶上，夺回电脑界的霸主地位。

不可胜者，守也

原文

不可胜者，守也。可胜者，攻也。守则不足，攻则有余。善守者，藏于九地之下；善攻者，动于九天之上[1]，故能自保而全胜[2]也。

注 释

1.**善守者，藏于九地之下；善攻者，动于九天之上**：九，虚数，泛指多，古人常用"九"来表示数的极限。九地，形容地深不可知；九天，形容天高不可测。
2.**自保而全胜**：保全自己而战胜敌人。

译 文

要想不被敌人战胜，在于防守严密；想要战胜敌人，在于进攻得当。实行防御，是由于兵力不足；采取进攻，是因为兵力有余。善于防守的人，隐蔽自己的兵力如同深藏于地下；善于进攻的人，展开自己的兵力就像从天而降。所以既能保全自己，又能夺取胜利。

解 读

在战场上，将帅面临的两大问题就是"攻"和"守"，也就是什么时候防守、什么时候进攻。攻守之间的关系非常的微妙，并不是兵多将广就可以发动攻势，也并非实力不如敌人就一定要坚守。

孙子在这里论述了"善攻"和"善守"的原则，"攻"要"动于九天之上"，也就是要突然、迅猛、出其不意，在敌人措手不及的情况下，猛力攻打；而"守"则要"藏于九地之下"，也就是要选好藏身的地点，以等待时机的来临。

所谓的"攻"其实是为了寻找敌人的弱点，乘虚而入；而"守"则是以静制动，等待进攻的时机。可见攻守其实并不矛盾，而是相辅相成的。

在现代商战中，进攻和防御就如同作战一样，一个企业的经营者也必须根据资金、技术、设备、竞争环境等条件，采用不同的战术。进攻时，企业要迅速抓住商机，果断出击，在对手猝不及防之时，让自己的商品占领市场；而防守则要求企业严守自己的商业秘密，在时机成熟后转守为攻，给对手致命一击。

经典案例：守住自己的秘密

具有一百多年历史的法国米其林轮胎公司，被誉为欧洲最神秘的企业，因为米其林公司非常重视新技术的保密，他们下足了功夫，经常让同行业的企业摸不着头绪。1964年，法国总统戴高乐准备参观米其林轮胎公司，却遭到了拒绝。这种"藏于九地之下"的战略，正是米其林公司长盛不衰的秘诀。

动于九天之上：曹刿论战

曹刿

春秋时期，齐国派兵攻打鲁国，鲁庄公带兵在长勺和齐军作战。鲁庄公一上阵就要击鼓进军，将领曹刿说："不行！"齐军擂过三通战鼓后，曹刿说："可以进军了。"结果鲁军大败齐军。

打了胜仗以后，鲁庄公询问取胜的原因。曹刿答道："打仗靠的是勇气。第一次击鼓能振起士兵们的勇气；第二次击鼓时勇气减弱；到第三次的时候，敌军的勇气已经消失了。而此时，我方的士气正旺，所以才发动进攻。"

曹刿的进攻哲学

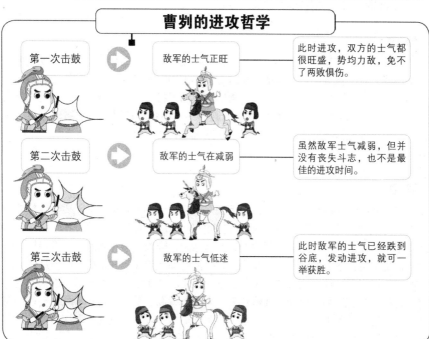

第一次击鼓 ▶ 敌军的士气正旺 — 此时进攻，双方的士气都很旺盛，势均力敌，免不了两败俱伤。

第二次击鼓 ▶ 敌军的士气在减弱 — 虽然敌军士气减弱，但并没有丧失斗志，也不是最佳的进攻时间。

第三次击鼓 ▶ 敌军的士气低迷 — 此时敌军的士气已经跌到谷底，发动进攻，就可一举获胜。

故善战者之胜也，无智名，无勇功

见胜，不过众人之所知，非善之善者[1]也；战胜而天下曰善，非善之善者[2]也。故举秋毫[3]不为多力，见日月不为明目，闻雷霆不为聪耳。古之所谓善战者，胜于易胜者也。故善战者之胜也，无智名，无勇功。故其战胜不忒[4]。不忒者，其所措必胜，胜已败者也[5]。

注 释

1.**见胜，不过众人之所知，非善之善者**：预见胜负不高出众人的水准，不算是高明者。

2.**战胜而天下曰善，非善之善者**：力战而胜之，天下人都说好，不算好中最好的。

3.**秋毫**：兽类在秋天新长出的极纤细的毛称秋毫，用以比喻轻细之物。

4.**忒**：差错，失误；不忒：不出差错。

5.**胜已败者也**：战胜败局已成的敌人。

译 文

预见胜利无法超过一般人，那么就算不得高明。大战后获得胜利，即便是所有人都说好，也不算高明。就像能举起绒毛算不上力气大，看见日月算不上有眼光，听到雷鸣算不上耳力好一样。因此，善于打仗的人打了胜仗，没有人夸他有先见之明，没有人夸他用兵神勇。他们取得的胜利，是不会有差错的。之所以不会有差错，是由于他们作战的策略建立在必胜的基础上，能战胜那些已经处于失败地位的敌人。

解 读

"故善战者之胜也，无智名，无勇功"，这句话初读时觉得很矛盾。既然是一个善于打仗的人，怎么可能没有人夸奖他呢？一位屡战屡胜的名将，不早已经声名远播了吗？其实孙子在这里要强调的并不是名声，因为一个有智慧的将领在打仗的时候，是不会让敌人察觉自己的高明。如果你要埋伏伏兵，准备突袭，但是你的意图被敌人看穿了，那么这种"高明"就毫无意义。"无智名，无勇功"中的"无"其实是将"智名"和"勇功"隐藏起来，表面上看似"愚"，其实暗藏杀机；换句话说，就是在战争中装糊涂、不露杀机，实则暗中策划、伺机进攻，这也就是"大智若愚"的智慧，虽然你有高明的战略，但一定要让敌人认为你是一个没头脑的莽夫，这样才能取得出其不意的胜利。

在战场上，深藏不露的计策非常有效，而在现代企业的商战中也同样可取。所谓"明争暗斗"，同类商品在市场上的厮杀是看得见的，为了抢夺市场，企业会采用广告、降价等策略，同时也会酝酿打败对手的绝招。高明的经营者往往独具慧眼、考虑周详，他会避开市场的焦点，暗中研制新产品，开发新专案。在时机成熟后再将产品推向市场，进而一鸣惊人。

经典案例：威士卡的奥秘

　　1939年，第二次世界大战爆发，物资非常紧缺，鉴于此，美国政府不准酿酒厂用谷物酿酒。美国人哈默知道这个消息后，预料威士忌酒很快就会缺货。于是他不声不响，以每股90元的价格，买了5,500股美国酿酒厂的股票，并得到5,500百桶烈性"威士卡"酒作为股息。两个月后，威士酒果然开始缺货。于是他把"威士卡"酒改成瓶装，并贴上"制桶"的商标卖出去，结果哈默借此大赚了一笔。

大智若愚的总统

　　美国第九任总统威廉·亨利·哈里逊（William Henry Harrison）从小聪慧过人，但他一直被人们嘲笑，很多小孩都叫他傻子。因为每次别人拿给他5分和10分的硬币，他总是挑5分的，屡试不爽。一位智者听说此事后，亲自试了一下小哈里逊，然后哈哈大笑："小朋友，你真聪明。"哈里逊当然不傻，因为他知道如果拿了10分硬币，下次就没人再给他挑硬币的机会了。

《老子》大象无形，大音稀声，大智若愚

大象无形

最大的形象反而看不见行迹。

大音稀声

最大的乐声反而听起来无声响。

大智若愚

指有大智慧的人，从不炫耀自己，外表好像很愚笨。

故善战者，立于不败之地，而不失敌之败也

原文

故善战者，立于不败之地，而不失敌之败也[1]。是故胜兵先胜而后求战[2]，败兵先战而后求胜[3]。

注 释

1.**而不失敌之败也**：不放过使敌人失败的机会。

2.**是故胜兵先胜而后求战**：胜兵，胜利的军队。先胜，先创造不可被敌战胜的条件。

3.**败兵先战而后求胜**：指失败的军队总是贸然开战，然后企求侥幸取胜。

译 文

因此善于打仗的人，总是确保自己立于不败之地，同时不放过任何击败敌人的机会。所以，胜利的军队总是先创造获胜的条件，而后才与敌决战。失败的军队，却总是先和敌人交战，而后企望侥幸取胜。

解 读

在这里，孙子再次强调"慎战"的主张。打仗的目的就是取胜，让自己立于不败之地。而我们反观历史，会发现不少的战役都是因为主事者的"求胜心切"而导致失败。

孙子在这里对比了失败和成功的两种模式：成功的将领，总是先创造成功的条件，然后再与敌人开战；而失败的将领，总是凭着一腔热血奋勇杀敌，能否获胜其实是未知数。这不禁让人想起"万夫莫敌"的项羽和"运筹帷幄"的张良。项羽可谓能力扛鼎，他的勇猛让敌军闻风丧胆，在一次战役中，他身先士卒，杀了许多敌军，非常得意；但项羽这种行为充其量算一员猛将，而非智将。张良的武艺或不如项羽，但他制定的战略可让敌军灰飞烟灭，这才是一个真正优秀的将帅必备素养。

打仗不是为了逞英雄，而是为了战胜敌人，盲目地冲杀，只会为战局带来严重的后果。

反观现代的商战，其实竞争也是一种有准备的较量，任何盲目的行动都会造成不可挽回的损失。一个成功的企业，一方面要保持现有的市场，使自己先立于不败

之地；另一方面，还要看准时机迅速出击，开拓新的市场。"慎战"要求企业要谨慎行事，但并不意味着画地为牢，只要时机成熟，该出手时就要出手。

经典案例：失败乃成功之母

春秋末期，吴王阖闾让伍子胥操练部队，但伍子胥练兵是先练习打败仗。伍子胥说："知败为知胜之母，只有求得避免失败的方法，研究战略方略，并等待时机，方可一鼓作气，夺取胜利。"伍子胥、孙武始终在作战中坚持"知败防败，谨慎用兵"的宗旨，最后所向无敌，灭了越国和楚国，成为一代霸主。

"慎战"的智慧

明代杰出军事家戚继光说："大战之道有三：有算定战，有舍命战，有糊涂战。"

算定战
经过谋划和精心准备发动的战役。

舍命战
没有胜利的把握，通过拼杀决胜负。

糊涂战
没有战略，没有准备，完全凭运气打仗。

战前认真观察敌我双方的实力，根据具体情况做充分的准备，在有把握的情况下出战。

虽然对比过敌我实力，却没有取胜的策略，为了达到目的，只有让士卒舍命拼杀。

忽略战前准备和策略的制定，没有认真思考就将士兵派上前线，胜负完全是未知数。

将领在谋划

士卒舍命拼杀

士兵昏昏沉沉

善用兵者，修道而保法

原文

善用兵者，修道而保法¹，故能为胜败之政²。

注　释

1. **修道而保法**：道，政治，政治条件。法，法度，法制。意为修明政治，确保各项法制的贯彻落实。
2. **故能为胜败之政**：政，同"正"，引申为主宰的意思。为胜败之政，即成为胜败的主宰。

译　文

善于指挥军队作战的人，必须修明政治、确保法制，如此才能掌握战争胜负的决定权。

解　读

孙子在此处提到了"政治"和"军纪"的重要性。"政治"我们可以理解为国家的制度，所谓"修道"，就是要采用正确的政治措施，使国家的经济实力雄厚、社会稳定、君民同心，有了这样的后盾，士兵才能忘我地投入前线。

"保法"就是指军队的纪律一定要严明，一个军纪涣散的军队，是不可能战胜强敌的。追根究底，孙子强调制度的作用，一个军队是否具有战斗力、是否士气昂扬，完全依赖于制度的管理，例如，赏罚制度如果分明，有功的士兵得到奖赏，就会无形之间激励其他的士兵；如果有人违反军纪而受到处罚，就可以发挥警示作用，其他士兵就会约束自己的行为。

企业想要在激烈的市场中立于不败之地，那么首先就要建立完善的内部机制。企业的管理不外乎人、财、物、技术与资讯等五个方面，经营者只有通过计划、组织、指挥、协调、控制等活动，强化这五个方面的管理，建立有效的运作机制，才能在竞争中稳操胜券。如果没有严格的规章制度，没有科学的管理方式，企业就没有发展可言，更谈不上和对手较量了。

饭店的"修道保法"

曼谷东方饭店以其一流的服务品质享誉世界。该饭店经营者提出了这样几条服务原则：1、顾客永远是对的，绝不允许任何一个工作人员与顾客起争执；2、满足顾客的一切正当要求，热情周到地为顾客排忧解难；3、要使顾客感到亲切、新鲜，顾客一到楼层，服务员立即上前打招呼。同时，饭店的管理十分严格，要求一切必须按照规章制度行事。该饭店编了一本140页的《工作细则》，发给员工人手一册。细则内对于员工的言行举止和各个岗位的职责都做了明确规定，并载明各种不同情况的奖惩办法。对于有意顶撞顾客、对顾客表现出冷淡、粗鲁、傲慢、无理或败坏饭店名誉等21条严重错误，只要触犯其中一条，就会受到开除的处罚。

吴起的治国之道

吴起

吴起是战国初期著名的政治改革家，卓越的军事家。公元前383年，吴起离开魏国，到了楚国，被楚悼王重用，开始变法。

均爵平禄

楚国爵禄是世袭的，即先辈如有功可以受爵禄，后代子孙虽然无功，也可以继承爵禄。一些将士虽然在战争中立了大功，却没有爵禄，这大大减弱了他们的积极性。吴起建议取消世袭的爵禄，用来奖励经过挑选的有功将士。

明法审令

精简国家机构，罢免无能的官吏，裁减无用的政府人员，然后颁布法令，建立了有效的监督机构，监督官员的行为，严禁结党营私和徇私舞弊的现象。

耕战有功

吴起建立了一套有力的措施，用来奖励在战场上有功的将士，同时也奖励种田的农民，让人民安心从事农业种植，保证社会生产的发展和军需品的供应。

最终效果

吴起带兵在南边平定了百越；北面兼并了陈国和蔡国，并击退了韩、赵、魏的扩张；向西征伐了秦国。楚国实力空前强大。

兵法：一日度，二日量，三日数

 原文　　兵法：一曰度[1]，二曰量[2]，三曰数[3]，四曰称[4]，五曰胜。地生度，度生量，量生数，数生称，称生胜。

注 释

1.**度**：指土地幅员的大小。

2.**量**：容量、数量，指物质资源的数量。

3.**数**：数量、数目，指兵员的多寡。

4.**称**：衡量轻重，指敌对那方实力状况的衡量对比。

译 文

兵法的基本原则有五条：一是"度"，二是"量"，三是"数"，四是"称"，五是"胜"。敌我所处地域的不同，产生双方土地幅员大小不同的"度"；敌我土地幅员大小的"度"的不同，产生双方物资资源多少不同的"量"；敌我物资资源多少的"量"的不同，产生双方兵员多寡不同的"数"；敌我兵员多寡的"数"的不同，产生双方军事实力强弱不同的"称"；敌我军事实力强弱的"称"的不同，最终决定战争的胜负成败。

解 读

孙子在此提出了"胜"的前提和依据。我们凭什么可以战胜敌人呢？依靠的是强大的实力，那么强大的实力又从何而来呢？

首先是土地的多寡，两国相争，有时候就是为了土地，因为土地决定了物资和资源是否充足，而资源的多寡，又决定了军队数量的多少。这样一来，就有了军事实力的差距，而这种差距往往就是决定战争胜负的依据。

国家的军事实力要以国家的综合实力为基础，而发展军备则必须考虑"度、量、数、称、胜"这五个环节，以上的五个环节必须相互联系，一环扣一环，形成一种必然的逻辑关系。各个环节之间要相互协调，保持一定的比例，才能促进国力不断变强。将"度、量、数、称、胜"引用到现代企业竞争之中，我们会发现，企业的发展过程，也应该以"称胜"为指导方针，量力而行，根据企业拥有的资金、技术、人才等具体条件，来确定企业的发展规划。

经典案例：苏联的教训

第二次世界大战结束后，苏联并没有根据自己的实际情况来制定经济发展战略，而是依然大力发展战时经济，将重心放在重工业上，结果导致国民经济发展严重失调。苏联解体后，俄罗斯在很长一段时间内，一直没有摆脱经济失衡的阴影。

一脉相承的"度、量、数、称、胜"

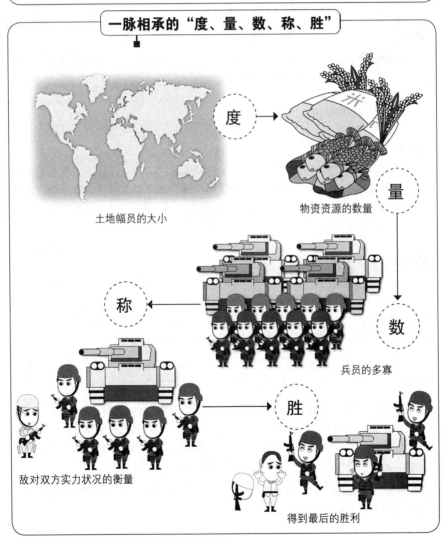

度
土地幅员的大小

量
物资资源的数量

数
兵员的多寡

称
敌对双方实力状况的衡量

胜
得到最后的胜利

决积水于千仞之溪者，形也

故胜兵若以镒称铢[1]，败兵若以铢称镒。胜者之战民[2]也，若决积水于千仞[3]之溪者，形也。

注 释

1.以镒称铢：镒，古代重量单位，合二十四两或二十两；铢，古代重量单位，二十四铢为一两，此处指实力悬殊。

2.战民：士兵。

3.仞：古代长度单位，八尺为一仞。

译 文

胜利的军队较之于失败的军队，犹如以"镒"比"铢"那样，占有绝对的优势。而失败的军队之于胜利的军队，就像用"铢"比"镒"那样，处于绝对的劣势。胜利者指挥军队与敌作战，就像在万丈悬崖掘开山涧的积水般所向披靡，这就是"形"的军事实力。

解 读

孙子在这里论述了"优势"与"劣势"的问题。在战争中，如何发挥自身优势、扬长避短，以压倒性的气势战胜敌人，其实是将帅指挥的艺术之一。如果不善加利用整体的优势，就会变为局部的劣势，成为"以铢称镒"的败兵；如果巧妙运用整体劣势，也有可能转化为局部优势，成为"以镒称铢"的胜兵。

因此，要求将帅在战前要认真谋划，充分发挥自己的优势，而另一方面则要转劣势为优势，创造"决积水于千仞之溪者"的气势。

企业的经营同样要善用自己的优势，以压倒一切的气势占领市场。很多小型企业在发展之初，面对的都是无数老牌企业，这就等于一只还没有成熟的小牛，忽然钻进了无数大牛相争的地方。要想在这里站稳脚跟且不被踩死，那么，首先要获得一块栖息之地，再开始发展自己的优势，同时寻找对手的弱点。

任何企业只要能创造"决积水于千仞之溪者"的气势，那么以"四两拨千斤"之力而获得胜利并非神话。

经典战例：努尔哈赤智败明军

　　1618年，明神宗派杨镐率大军兵十一万人马，进攻后金的都城赫图阿拉。杨镐兵分四路进发，而努尔哈赤采取"凭你几路来，我只一路去"的方针，集中八旗全部兵力六万人马，攻击明军西路的杜松，一举歼敌三万人。之后，再移兵北路，名将马林不战而逃，接着清军再围歼刘为。由于明军吃了大败仗，杨镐急忙撤军。努尔哈赤采取各个击破的方针，以六万胜十一万，取得萨尔浒大战的胜利。

"铢"　"镒"的辩证

数量上占优，并不代表一定取胜。创造压倒性的优势，必须依靠策略、士气、地势等多方面的因素。有时候就算兵多，也未必获胜。

人数上处于劣势，并非就一定会失败。只要制定良好的策略，并在战场上把握好时机，一样可以击败数量强大的敌人。

在官渡之战中，曹操仅凭两万人马，战胜了袁绍的十余万大军。

在淝水之战中，东晋以八万人马，击溃前秦九十万大军。

　　"决积水于千仞之溪者"，就是要扬长避短，以我方的优势去打击敌方的弱势，这样才可以创造压倒性的胜利。

第⑤章

兵势篇

　　本章论述用兵作战要造成一种可以压倒敌人的迅猛之势，且要善于利用这种迅猛之势。"势"是什么呢？孙子说，这种"势"就像可以漂起石头的激流，就像一触即发的弓弩，就像圆石从高山上滚下来，有一种不可抵挡的力量。用这种力量打击敌人，就能够以一当十、所向无敌。怎样才能创造这种势呢？首先，使自己具有战胜敌人的强大力量；其次，要"择人而任势"，选择熟知军事、知人善任的将帅，指挥士兵作战灵活自如，并且善于用假象迷惑敌人，用小利驱动敌人，引诱敌人陷入圈套，然后用伏兵狠狠地打击敌人。

凡治众如治寡，分数是也

原文

孙子曰：凡治众如治寡[1]，分数是也；斗众[2]如斗寡，形名[3]是也；三军之众，可使必受敌而无败[4]者，奇正[5]是也；兵之所加，如以碫投卵[6]者，虚实[7]是也。

注 释

1.**凡治众如治寡**：治，治理、管理。

2.**斗众**：指挥人数众多的部队作战。斗，动词，为使……战斗之意。

3.**形名**：形，指旌旗；名，指金鼓。

4.**必受敌而无败**：必，"毕"的通假字，意为完全、全部。

5.**奇正**：古兵法常用术语，指军队作战的特殊战法和常用战法。

6.**以碫投卵**：碫，即磨刀石，泛指坚硬的石头。

7.**虚实**：古兵法常用术语，指实力上的强弱、优劣。

译 文

孙子说：一般而言，管理大部队如同管理小部队一样，这属于军队的组织编制问题；指挥大部队作战如同指挥小部队作战一样，这属于指挥号令的问题；整个部队遭到敌人攻击而没有溃败，这属于"奇正"战术的变化问题；对敌军实施的打击，如同以石击卵一样，这属于"避实就虚"原则的正确运用问题。

解 读

孙子提出了部队的治理和战术问题。军队首先要有合理的制度和编制，军队怎样管理才能易于调度非常重要，例如，一个小队多少人，多少个小队组成一个方阵，每一个方阵需要多少人员指挥，这些都必须严格依靠军队制度来规范；其次，要注意号令的传递必须畅通无阻，将帅发出的指令要能有效地执行；最后是重要的战术变换，所谓"奇正"，就兵力部署而言，以正面受敌者为正，以机动突击为奇；就作战方式而言，正面进攻为正，侧翼包抄偷袭为奇；以实力围歼为正，以诱骗欺诈为奇。而"虚实"同样是灵活运用的战术，"避实就虚"也就是让敌人摸不清我方的实力和意图，最后采用出其不意的战术击溃敌军。

企业和军队一样，只有建立严密、科学的体制和编制，才能和谐发展。如果一个企业的员工不能尽其才、物资不能尽其用，那么可想而知其效率有多么低下。一个良好的制度是企业提高效益的先决条件。另外，灵活机动的战术运用，则是企业取得竞争胜利的关键因素，这也是世界上许多大型企业在硝烟弥漫的商战中，始终立于不败之地的重要原因。

经典案例：标新立异的好处

在美国，每出售的四只手表中，就有一只是泰麦克斯公司的产品。该公司成功的原因，除了产品价廉物美之外，就要归功于奇特的行销创意了。泰麦克斯公司的推销员在销售展示时，竟把手表往墙上猛摔，然后再放入水中，以证明其防水抗震的能力，公司也因其奇特的"拷打实验"而在国内外享有盛誉。

建立完善管理制度的好处

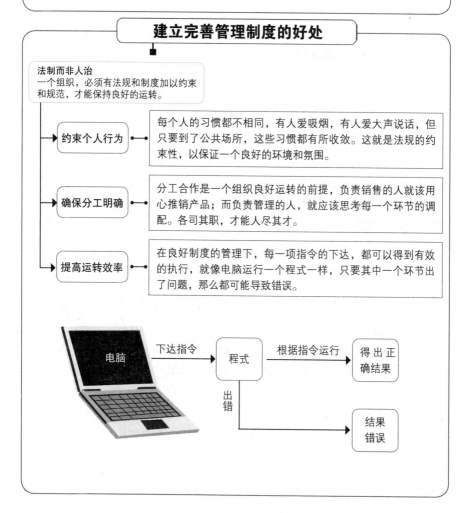

法制而非人治
一个组织，必须有法规和制度加以约束和规范，才能保持良好的运转。

约束个人行为
每个人的习惯都不相同，有人爱吸烟，有人爱大声说话，但只要到了公共场所，这些习惯都有所收敛。这就是法规的约束性，以保证一个良好的环境和氛围。

确保分工明确
分工合作是一个组织良好运转的前提，负责销售的人就该用心推销产品；而负责管理的人，就应该思考每一个环节的调配。各司其职，才能人尽其才。

提高运转效率
在良好制度的管理下，每一项指令的下达，都可以得到有效的执行，就像电脑运行一个程序一样，只要其中一个环节出了问题，那么都可能导致错误。

凡战者，以正合，以奇胜

原文

　　凡战者，以正合，以奇胜[1]。故善出奇者，无穷如天地，不竭如江河[2]。终而复始，日月是也；死而复生，四时是也[3]。声不过五，五声之变，不可胜听也；色不过五，五色之变，不可胜观也。味不过五，五味之变，不可胜尝也。

注 释

1. **以正合，以奇胜**：合，交战、合战。此句的意思是以正兵合战，奇兵制胜。
2. **无穷如天地，不竭如江河**：比喻正奇的变化有如宇宙万物的无穷变化，有如江河水永流不竭。
3. **死而复生，四时是也**：去而复来，如春、夏、秋、冬四季更替。

译 文

　　一般的作战，总是以"正兵"合战，用"奇兵"取胜。所以，善于出奇制胜的人，其战法的变化如天地运行那样变化无穷，像江河那样奔流不息。终而复始，就像日月的运行；去而复来，如同四季的更替。音乐不过五个音调，五个音调的变化却听之不尽；颜色不过五种，而五种颜色的变化组合却非常多；滋味不过五种，可五味的变化也是无穷无尽。

解 读

　　孙子在兵法理论中，提出了"奇正"的命题。在我国古代军事术语中，所谓"正"，指作战时运用的阵法；而"奇"是指指挥作战时的"变化"，例如，指挥军队从正面进攻就是"正"，而事先埋伏、从侧面包抄就是"奇"。"出奇制胜"表现孙子合理部署兵力、灵活运用战术的思想。作为一般作战原则，明于正，暗于奇，与敌正面作战为正，围剿包抄为奇；列阵对敌、明攻为正，突击偷袭或采用特殊战法为奇。作战必须有"正奇"的变化，要"以正合，以奇胜"才能战胜敌人。

　　企业界流传着一句话："人无我有，人有我优，人优我多，人多我转。"这其实就是一种"奇正"策略。我们所说的剑走偏锋，也正是这个道理。如果都按照常理出牌，那么势必在战场上拼个你死我活、两败俱伤。既然如此，为什么不去占领那些尚未开发的"无人区"呢？无论是新产品开发、广告宣传或行销手段，都要求出奇、出新。对一个企业来说，要在竞争激烈的商业战场上求得生存与发展，最忌讳的就是步人后尘。企业不能总是仿效别人，而是要力求创新。

经典案例：银行的奇招

日本的金融界竞争异常激烈，大阪的池田银行为了扩大自己的业务，想出了一个绝妙的主意。他们开办一个世界存钱筒博物馆，博物馆里陈列着来自世界五十六个国家的八千多种存钱筒，顾客可以免费参观。借此机会，池田银行向顾客大力宣传自己的理财产品，使银行的效益扶摇直上。

"奇正"：变幻无穷

古希腊哲学家赫拉克利特有句名言："人不能两次踏入同一条河流。"

万事万物都在变化之中，世界上没有两片完全相同的叶子。因此，我们必须根据事物的变化随机应变，如果拘泥于教条，那么就会停滞不前，或得到失败的教训。

四季更替，也是一种变化。春天的花朵和冬天的雪花截然不同，如果照样用春天的眼光去看待冬天，那么你将不知所措。

哇！这个地方怎么这么冷？

拜托！去年你是春天来的，现在是冬天……

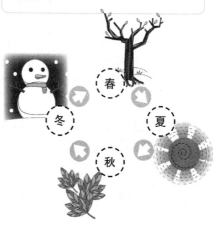

春
夏
秋
冬

奇正之变，不可胜穷也

原文　　　战势，不过奇正，奇正之变，不可胜穷也。奇正相生[1]，如循环之无端[2]，孰能穷之[3]？

注　释

1. **奇正相生**：奇正之间相互依存、转化。
2. **如循环之无端**：端，末尾。奇正的变化无始无终，永无尽头。
3. **孰能穷之**：孰，谁。穷，穷尽。

译　文

作战的方式不过"奇""正"两种，可是"奇""正"的变化永远未可穷尽。"奇""正"之间的相互转化，就像顺着圆环旋绕似的，无始无终，又有谁能够穷尽它呢？

解　读

孙子指出：奇正的运用，变化无穷。在战场上，没有一成不变的战法，也没有拘泥于固定模式的战术，只有随机应变，才能出奇制胜战胜对方。孙子认为正与奇是互为依托，又相互转变的，在变化中创造战机，给敌人出其不意的打击，使之措手不及。

很多著名的军校，在培养了大批军事人才之后，都会让他们在模拟的战场上演习。因为书本上的战术，有可能只是针对某一场战役，随着时间、技术、武器的改变，这种战术很可能就会失去效力，而演习的目的就是为了培养他们"善变"的能力。

商业市场可谓千变万化，一种新产品在投入市场之初，有可能会获得很高的利润；但是同类产品的不断涌现，一来会挤占市场，二来技术的改进会使旧产品相形见绌。如果旧产品不加以改进，那么注定会被后来者淘汰。一个精明的经营者，总能透过市场的层层迷雾，察觉微妙的变化，捕捉市场信息，抓住市场机会以不断创新。在瞬息万变的市场中，只有掌握"变"和"奇"，才能使企业保持生机和活力。

经典战例：让法国沦陷的"奇"

1939年10月，希特勒决定进攻法国。最初希特勒把主力放在右翼，经过比利时北部实施袭击，而左翼用较小的兵力作掩护。后来德军修改了作战计划，将主力放在左翼，出其不意地从卢森堡和比利时南部发动突击，切断比利时北部英法联军的退路，直扑加莱海峡。法国人万万没有想到，德军会用坦克从茂密的树林和溪流之间发动进攻，最终号称强国的法国很快就投降了。

"奇正"和"虚实"的妙用

192年，黄巾起义的规模逐渐扩大，东汉王朝岌岌可危。在镇压黄巾起义的过程中，军阀割据局面逐步形成。其中皇甫嵩、朱儁、曹操等人精通韬略，善用奇正，以夜袭、火攻等法，大大打击黄巾军，最终扑灭了起义的燎原之火。

263年，魏国派三路大军进攻蜀国。蜀将姜维集中兵力退守剑阁，使魏军受阻，魏将邓艾西出剑阁，偷越阴平，从七百里无人之境直插蜀国都城，飞兵抵达成都，迫使蜀国后主刘禅投降。

意想不到的坦克杀手

1941年，英军在埃及向德军发起代号为"战斧计划"的反攻。进攻前，英军了解到德军三十七毫米反坦克炮对马蒂尔达坦克无能为力。6月15日，英军坦克大摇大摆地向德军阵地冲去。然而激战了三天，英军损失了九辆坦克，寸步难行。后来一位被俘的英军少校从德军处得知：德军将领隆美尔用八十八毫米高炮进行平射，对付英军的坦克。

是故善战者，其势险，其节短

原文

激水之疾，至于漂石者，势也。鸷鸟[1]之疾，至于毁折者，节[2]也。是故善战者，其势险，其节短。势如彍弩[3]，节如发机[4]。

注 释

1.**鸷鸟**：一种凶猛的鹰隼。

2.**节**：节奏。指动作爆发得既快捷、猛烈，又恰到好处。

3.**势如彍弩**：彍，弩弓张满的意思。彍弩，即弓满待发之弩。

4.**发机**：即引发弩机的机纽。

译 文

湍急的河水迅速地奔流，以致能够把巨石冲走，这是因为它飞快的流速所形成的"势"；鸷鸟高飞猛击，以致能捕杀鸟雀，这就是短促迅捷的"节"。因此，善于指挥作战的人，他所造成的态势险峻逼人，他进攻的节奏短促有力，险峻的态势就像张满的弩，迅疾的节奏犹如击发弩机，把箭突然射出。

解 读

孙子在这里提出两个制胜的关键："势"与"节"。流水之所以可以冲走巨石，除了速度很快之外，还必须有强大的推动力，这种推动力就是"势"。鹰在捕捉猎物时，把握好了速度和节奏，才能一击致命。

在战争中，要利用态势、掌握节奏、控制距离、抓住稍纵即逝的战机，以快捷、凌厉的态势击溃敌人。孙子认为创造和利用态势，合理地部署兵力，就能使自己的实力得以充分发挥。而指挥作战的将领，要善于创造势不可当的态势，利用短促的节奏战胜敌人。

商场如战场，企业在发展壮大时，也必须掌握"势"与"节"。不但要密切关注市场的变化、抓住拓展业务的机会、创造发展的态势，而且要以快捷的态势攻击竞争对手。只有在变幻莫测的商战中乘"势"而上、快速反应，才能使自己立于不败之地。

经典案例：用石油之势创造财富

20世纪70年代的石油危机，造成国际市场原油价格猛涨。就在大家都愁眉苦脸的时候，美国人弗莱德曼认真分析了局势，果断地买下一家小型机械厂，开始生产石油机械设备。果然不出他所料，由于石油价格上涨，许多国家准备自行开采境内的石油，竟相购买石油开采设备，弗莱德曼因此借由这个机会大赚了一笔。弗莱德曼对市场需求变化有准确的判断，他抓住了态势顺势而上，终于获得成功的机会。

"势节"之道

势 ▶ 所谓摧枯拉朽，就是在创造"势"的前提下，造成敌人巨大的压力，一击即破。

节 ▶ 所谓张弛有道，就是把握了良好的进攻节奏，看准时机出击、势不可当。

张齐贤的奇兵

张齐贤

张齐贤（943年~1014年）字师亮，北宋名相、政治家、军事家。为宋朝的政治、军事、外交等做出了很大贡献。

986年，辽军派兵攻打宋朝，进军代州。知州张齐贤向潘美求救，潘美发兵援救，但是在途中又接到皇帝的命令撤军。张齐贤了解辽军只知道潘美发兵，而不知他已经撤退，所以命令二百士兵举起旗帜，在城西三十里外设置疑兵，又沿途埋伏了两千精兵。辽军见火光四起，以为宋朝援兵已到，立即撤退。此刻，张齐贤开城迎敌，伏兵四起，辽军大败，解了代州之围。

 虚张声势，让敌人误认为援军到达。

 趁敌人撤退时，发动攻击，用伏兵打击敌人。

乱生于治，怯生于勇

原文　　纷纷纭纭，斗乱，而不可乱也；浑浑沌沌，形圆，而不可败也。乱生于治[1]，怯生于勇，弱生于强[2]。治乱，数也[3]。勇怯，势也。强弱，形也。

注 释

1.乱生于治：向敌人展示混乱，是由于有严谨的组织。

2.弱生于强：向敌人展示弱小，是由于本身拥有强大的兵力。

3.治乱，数也：数，即前言之"分数"。指军队的组织编制。

译 文

战旗纷纭，人马众多，要在混乱中作战而使军队不乱；战场上混沌而迷蒙，要部署周详，而不被敌人打败。向敌显示混乱，是由于己方组织编制的严谨。向敌显示怯懦，是由于己方具备了勇的素质。向敌诈示弱小，是由于己方拥有强大的兵力。严谨或者混乱，是由组织编制的好坏所决定。勇敢或怯懦，是由作战态势的优劣造成的。强大或者弱小，是双方实力大小的外在显示。

解 读

孙子认为"治"与"乱"、"力"与"怯"、"强"与"弱"并非恒定的，两者在一定的条件下可以相互转化。战场始终处于不断的变化之中，在作战时，必须留意战场形势的变化，采取相应的措施，把握胜利的机会。

我们都知道作战时士气非常重要，如果士兵有高昂的士气，那么就可以最大限度地发挥战斗力；而低迷的士气，则可能会让部队损失惨重。然而士气的高低是可以相互转化的，正如混乱可以转化为严整，怯懦可以转化为勇敢，弱小的态势也可以转化为强大的态势。中国古代兵家都十分重视激励士兵的士气，以发挥他们最强的战斗力，在战争中取得主动。

在现代商战中，不存在永远的胜利者。特别在科技高速发展的现代社会，企业必须不断创新，使自己的产品、服务、管理等各个方面都跟上时代的潮流；否则，任何一个实力强大的企业，都会因停滞不前而被市场淘汰。企业实力的强弱永远是相对的，所谓"十年河东，十年河西"，今天你是强者，明天就很可能被人超越。因此时时刻刻都不断进步，不放松前进的步伐才是企业发展的上策。

经典案例：盛极而衰的企业王国

　　王安公司在进军电脑行业之初，因为不断地创造和推陈出新，事业蒸蒸日上。1986年前后，王安公司达到鼎盛时期，年收入达30亿美元，在美国《幸福》杂志所排列的500家大企业中名列146位，在世界各地雇用了3.15万名员工，足以和当时的蓝色巨人IBM媲美。但晚年的王安失去蓬勃向上的进取精神，在经营上故步自封，判断力趋向迟钝，企业以惊人的速度衰败，最终不得不申请破产。

吴越争霸中的强弱转换

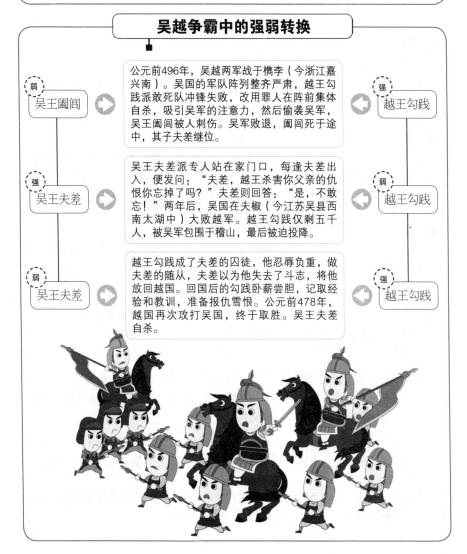

弱 吴王阖闾 → 公元前496年，吴越两军战于檇李（今浙江嘉兴南）。吴国的军队阵列整齐严肃，越王勾践派敢死队冲锋失败，改用罪人在阵前集体自杀，吸引吴军的注意力，然后偷袭吴军，吴王阖闾被人刺伤。吴军败退，阖闾死于途中，其子夫差继位。 ← 强 越王勾践

强 吴王夫差 → 吴王夫差派专人站在家门口，每逢夫差出入，便发问："夫差，越王杀害你父亲的仇恨你忘掉了吗？"夫差则回答："是，不敢忘！"两年后，吴国在夫椒（今江苏吴县西南太湖中）大败越军。越王勾践仅剩五千人，被吴军包围于稽山，最后被迫投降。 ← 弱 越王勾践

弱 吴王夫差 → 越王勾践成了夫差的囚徒，他忍辱负重，做夫差的随从，夫差以为他失去了斗志，将他放回越国。回国后的勾践卧薪尝胆，记取经验和教训，准备报仇雪恨。公元前478年，越国再次攻打吴国，终于取胜。吴王夫差自杀。 ← 强 越王勾践

形之，敌必从之

原文

故善动敌[1]者，形之[2]，敌必从之。予之，敌必取之。以利动之，以卒待之[3]。

注 释

1.动敌：调动敌人。

2.形之：形，动词，即示形，示敌以形。指用假象迷惑敌人，使其判断失误。

3.以卒待之：用重兵伺机破敌。

译 文

所以善于调动敌人的将帅，会伪装假象迷惑敌人，敌人因此会听从调动；用小利引诱敌人，敌人就会前来争夺。用这样的办法积极调唆敌人，再预备重兵，伺机消灭它。

解 读

在这里，孙子提出了"诱敌"的战术。为了能在战争中取得优势、给予敌人致命一击，就必须因势利导，善于用计谋去影响敌方的行动，让敌人落入圈套。

优秀的将帅善于分析敌方的心理，利用各种因素调动敌军：第一，可以通过假象迷惑敌人，如果你有几万大军，却深藏不露，让敌人以为你势单力薄，进而掉以轻心；第二，可以用一些蝇头小利诱惑敌人，就可以在敌军得意忘形之际，发动突袭。古今中外的很多军事家运用这一战争策略，屡试不爽。

在商战中，很多企业也是利用了人们的心理，采用积极有效的诱导方式，达到自己的目标。日本在第二次世界大战之后，大力发展工业，特别是汽车业开始崛起。为了打进外国市场，日本人绞尽脑汁。

比起自己的前辈欧洲和美国，日本车的品牌还不够响亮。因此日本的很多汽车公司开始转变行销理念，首先他们不再把广告的重点放在"性能"上，因为美国和欧洲汽车的性能非常好。于是，日本车的"舒适性"就成了宣传重心。消费者不再只关注汽车的性能，而是开始注意"人性化的设计"。正因日本人抓住消费者的心理，然后"循循善诱"，才使日本汽车业得到长足发展。

经典战例：诱敌深入的城濮之战

公元前632年初，晋文公率军和楚军交战，为报答楚国在他流亡国外时的款待，晋文公下令军队退避三舍（九十里）。最后晋文公诱敌深入，结果在城濮（今山东濮县南）大败楚军。此后，晋文公树立了自己的威望，成为春秋五霸之一。

孙膑的诱敌战略

公元前341年，魏国太子申和大将庞涓率军十万攻打赵国，齐国派兵援救。田忌采用军师孙膑之计，直扑魏国都城大梁。魏军回兵救大梁，齐军根据孙膑建议，假装失败，引诱敌人追击。然后，孙膑每天减少军用烧饭的灶数，造成了假象，让庞涓误认为齐军已经逃亡大半，便率部分兵马追击。结果魏军在马陵被孙膑的伏军截杀，庞涓最后兵败而亡。齐军趁胜追击、大获全胜，并俘虏了魏国太子申。

形之，敌必从之 ➡	齐军开赴魏国都城大梁，迫使魏军撤退。田忌主张"以逸待劳"；但孙膑则认为，魏军气势正旺，如果与之交战，那么即便取胜也会损失惨重。于是决定诈败，引诱庞涓带兵深入。

予之，敌必取之 ➡	庞涓带兵追击，第一天，发现赵军留下了十万余个灶迹；第二天，发现只剩下五万个；第三天只剩三万个。于是庞涓误以为齐军军心涣散、逃兵众多，于是只带两万轻骑追击。

以卒待之 ➡	孙膑在计算日程、地点后，在马陵道设下埋伏。然后让人在道中一棵大树上刮下树皮，用墨写上："庞涓死此树下"，然后在附近安排五千个弓弩手，下令："只要看树下火把点亮，就一齐放箭！"庞涓赶到马陵道，天色已晚，看到树上隐约有字，令人点亮火把，结果中箭。

任势而择人

> **原文**　故善战者，求之于势，不责于人[1]，故能择人而任势[2]。

注 释

1.**求之于势，不责于人**：责，求、苛求。应当追求有利的作战态势，而不是苛求下属。

2.**择人而任势**：择，选择。任，任用、利用、掌握、驾驭的意思。

译 文

善于用兵打仗的人，总是努力创造有利的态势，而不对部属求全责备，所以他能够选择人才，善加利用，并创造有利的态势。

解 读

孙子强调了利用形势和选择人才的问题。孙子认为要创造对我方有利的"势"，才能取得胜利。然而战争中的"势"如何判断和把握呢？所以选择适当的人才，是创造和利用有利势态的关键。

回顾历史上，由于选人不当、用人失策，因而造成"失势"兵败的例子不胜枚举。所以，国君或将帅在关键时刻一定要选用好的人才，以便把握有利的态势，获得最终的胜利。在战争中，领导者若能择人任势，就一定可以取得战争的主导权和胜利优势。

任何一个企业，无论其文化有何种差异，但决定企业成功的关键终究是人。企业的经营管理，其关键是要能够正确地"选人、用人"，以此抓住"机会"、创造"机会"。而孙子的造势、任势，也就是要求企业适时、适势而又正确地用人。

在步入知识经济时代的今天，企业的竞争已经转变为人才的竞争，所以人才成为企业长远发展的关键。

经典案例：福特用人，力挽狂澜

福特汽车公司是美国第二大汽车公司，在国际上享有很好的声誉，但它的发展并非一帆风顺。当亨利·福特一世决定退休，由亨利二世接任时，福特公司已经陷入了困境。亨利二世为了扭转高级管理人员匮乏的情况，不惜高薪聘请管理人才。以桑顿为首的十名年轻人组成的"桑顿小组"具有非凡的运筹能力，但他们要求的年薪很高。亨利二世认为，这种高级人才必然对公司发展有利，便将他们全部请进公司，并委以重任。20世纪40年代到60年代，这十名人才中产生了四位公司高级主管，为福特公司的发展做出很大的贡献。他们施展才能，让福特公司焕然一新，起死回生。

任势而择人

 任势 商汤气数已尽，商纣王不得人心。虽然时势成熟，但还必须依靠睿智的人，才可以取得天下。 择人

周文王渭水得姜尚
借助姜尚的能力，让周的实力发展壮大，最后推翻了商朝，建立周朝。

 任势 刘邦此时势力不强，且屡屡被项羽所败。刘邦若要战胜项羽而夺得天下，就是急缺统兵的人才。 择人

萧何月下追韩信
韩信为刘邦建立西汉王朝立下了汗马功劳，成为开国元勋之一。

 任势 天下群雄并起，众多军事势力都在互相争夺。要在这个乱世有所作为，就必须依靠善于谋划的人才。 择人

刘备三顾茅庐
诸葛亮帮助刘备建立了蜀汉，三足鼎立的态势形成。刘备曾说："我得孔明，如鱼得水"。

故善战人之势，如转圆石于千仞之山者

原文　任势者，其战人也，如转木石。木石之性[1]，安[2]则静，危[3]则动，方则止，圆则行。故善战人之势[4]，如转圆石于千仞之山者，势也。

注 释

1.**木石之性**：木石的特性。性，性质、特性。

2.**安**：安稳，这里指平坦的地势。

3.**危**：高峻、危险，此处指地势高峻陡峭。

4.**势**：是指在"形"（军事实力）的基础上，发挥将帅的主动作用，因而造成有利的作战态势。

译 文

善于利用态势的人指挥军队作战，就如同滚动木头、石头一般。木头和石头的特性是：置放在平坦之处就静止不动，置放在险峻陡峭之处就滚动，方的容易静止，圆的滚动灵活。所以，善于指挥作战的人制造的有利态势，就像圆石从万丈高山上被推滚下来那样，这就是所谓的"势"。

解 读

《孙子兵法》中多次提到了"势"，孙子一直认为，要想取得战争的胜利，就必须擅长造势，因势利导，懂得创造和利用有利的态势是制胜的关键。"势"是一个国家军事实力的表现、使用和发挥。在有利的态势下作战，军队才能发挥更大的战斗力。

同时，孙子又对指挥打仗的将领提出了要求，那就是必须"造势""任势"，而造势又必须对战术和战场情况有清醒的认识。就好比滚动石头和木头一样，圆的木石容易滚动，这是木石形状的特性。触类旁通，战术和士兵的阵型变化，就好比木石的形状，只要安排妥当，就犹如高山滚石，无人可挡。

商场尽管没有战场上的刀光剑影，但商界的竞争同样残酷无情。因此在激烈动荡的市场竞争中，同样要善于创造和利用"势"，以先进的管理制度和正确的企业经营战略创造有利的态势，通过准确预测市场供求变化，把握消费者心理，抓住市场机会，在市场中保持领先地位。

经典战例：蒙古侵宋的"势"

宋朝末年，蒙古曾经三次攻宋。第一次由窝阔台领军，没有取得实质性的成果；第二次蒙哥汗带兵，由于战线太长、兵力分散，最后损兵折将，无功而返；第三次忽必烈经过深思熟虑，首先攻击襄樊，正如降将管如德所说："襄樊是宋朝的咽喉，咽喉被人掐住了，怎么能不亡国呢？"果然襄樊失守，蒙古军势如破竹，宋朝大势已去，走上灭亡之路。

善于用势：到底该选哪个呢？

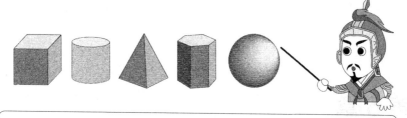

战争需要什么形状？
在战场上，最需要的是一种可以破击敌军的气势，而这种气势就需要良好的战术支援。那究竟改采用何种战术呢？这就要根据实际情况来判断了。并非你站在高处，就一定要用火攻；并非你在低处，就没有获胜的可能。

第6章

虚实篇

　　本篇主要讲述作战须采用"避实而击虚"的方针。怎样才能做到避实击虚呢？第一，要使我方处于主动，使敌方处于被动，把战争的主动权掌握在自己手里。善于用兵的人，能设法调动敌人，而不被敌人调动。第二，要出其不意、攻其不备，打击敌人兵力空虚之处。第三，要集中自己的兵力，并设法分散敌人的兵力，造成战术上的我多敌寡。孙武指出，运用避实击虚的作战方针，要从分析敌情出发，随着形势变化，战争过程中的多寡、强弱、攻守、进退等关系都处在变化之中，随机应变，才能立于不败之地。

故善战者，致人而不致于人

原文　　孙子曰：凡先处战地而待敌者佚[1]，后处战地而趋战者劳[2]。故善战者，致人而不致于人[3]。

注　释

1. **凡先处战地而待敌者佚**：处，占据。佚，即"逸"，指安逸、从容。
2. **后处战地而趋战者劳**：趋，奔赶，此处为仓促之意，趋战，仓促应战。
3. **致人而不致于人**：致，招致、引来。致人，牵制敌人。致于人，被敌人牵制。

译　文

孙子说：凡是早一点占据战场且在原处等待敌人的部队就取得了主动，而后到达战场、仓促应战的部队就疲惫而被动。所以善于指挥作战的人，总是能够调动敌人而不被敌人牵制。

解　读

"致人而不致于人"是为人津津乐道的一句话，也是孙子提出的争取战争主动权的思想。所谓"致人"，就是要调动敌人，让敌人按照我的打算行军；而"致于人"，则是指被敌人牵制着，处于被动地位。

孙子指出，在战争中最重要的一点便是要掌握战斗的主动权，没有主动权，便会陷入被动、消极防御，甚至处处挨打的境地。克敌制胜的关键是主动，它贯穿了整个战争的全部过程。什么是主动呢？有句话叫"先发制人"，也就是先出手就可能赢得主动，还有句话叫"一寸长一寸强"，如果你手中的武器比别人长，那么也有可能占据主动，然而这也并非是绝对的。要想在战场中取得主动权，还必须对具体情况进行周密的分析，并能够采用灵活的战术，让敌人疲于奔命。

在商战中，最重要的一点也是掌握主动权。如果没有主动权，只会被人牵着鼻子走，陷入被动的局面。特别是在科技发展迅速的今天，企业面对的市场更是瞬息万变，因此必须在市场中掌握主动权。要学会"致人"，满足消费者的需求，为他们提供满意的商品；更要学会"不致于人"，充分发挥自身优势，不断地变革求新，争取主动，使企业立于不败之地。然而任何事物都是相对的，不一定你越先进就越能赢得市场。

经典案例："铱星"的陨落

1991年，摩托罗拉公司启动"铱星计划"，这是在技术革新上的一次大胆尝试。摩托罗拉公司利用近地卫星，可以使手机的体积和通话品质大大提高。1998年11月1日，在耗资1.8亿美元的广告宣传之后，铱星公司开展了通信卫星电话服务。虽然铱星电话在技术上全面领先对手，但手机的价格高达3000美元，每分钟通话费3~8美元。到1999年4月，公司仅剩余1万个用户。面对着微乎其微的收入和每月四千万美元的贷款利息，公司陷入了巨大压力之中。最后由于资不抵债，铱星公司宣布破产。

经典战例：朱棣智败鞑靼

明永和八年（1410年）四月，明成祖朱棣率五十万大军亲征鞑靼，到达兴和（今河北张北县）。鞑靼军队想诱敌深入，但朱棣没有上当，他下令军队休整，五月到了胪朐河（今蒙古克鲁伦河）。此时鞑靼分兵两路，本雅失里和阿鲁台各率一支部队引诱明军分兵。朱棣集中兵力向西追歼本雅失里，到达兀儿札河（今蒙古勒吉河）后，下令留下辎重，亲率两万轻骑兵，终于在斡难河（今鄂嫩河）南岸追上本雅失里，打败鞑靼军，本雅失里慌忙逃窜。接着朱棣率军回到胪朐河，趁胜追击阿鲁台。六月初，朱棣指挥大军将阿鲁台包围在一个山谷里，阿鲁台大败，最后慌忙北逃。

致人
占据主动，就能让敌人处于被动，但关键在于如何营造主动的态势。

不致于人
如果主动权在敌人手里，那么硬拼无疑是下策，此时需要化被动为主动。

将敌人包围在山谷中

山谷下的士兵利用风势，发动火攻，攻击山顶上的敌人

能使敌人自至者，利之也

注 释

1.**利之**：以利引诱。

2.**害**：害，妨害、牵制。

3.**劳之**：使之疲劳。

4.**安能动之**：言敌若固守，我就设法牵动它。

译 文

能够使敌人自动进入我预定的地域，是因为用利引诱他的缘故；能够使敌人不能抵达其预定的领域，则是设置重重困难阻扰的缘故。敌人休整得好，就设法使其疲劳；敌人粮食充足，就设法使其饥饿；敌人驻扎安稳，就设法使其移动。敌人出击的正是他们要去救援的地方，最重要的就是出其不意。

解 读

在前一篇，孙子提到了"致人而不致于人"，也就是要把握战争的主动权，那么这里孙子就延伸这一观点，提出怎样才能变得主动。首先，主动和被动是以客观条件为基础的，兵力是否多、武器是否精良、环境是否优越、士气是否旺盛、策略是否到位等，都是决定主动和被动的因素。将帅要善于利用优势，更要善于改变对己不利的形势。如果想要调动敌人，那么最好给一点"蝇头小利"，诱使敌人进入自己的包围范围；如果敌人有备而来、士气旺盛，就要想办法让敌军感到疲劳，降低士气；如果敌人物资充足，那么就要想计谋让他们缺衣少食；如果敌人步步为营，那么就要让他们自乱阵脚。

要在商战中获胜，首先要得到消费者的认同，争取消费者，这不仅需要高品质的产品，还要有满意的服务，甚至附加的服务。例如，日本的一家银行为吸引顾客，还开设占星术讲座，并免费为顾客卜卦。许多想预测自己投资命运的人受此诱惑，成为该银行的客户，正所谓："能使敌人自至者，利之也。"

经典战例：伍子胥伐楚

公元前512年，伍子胥鼓动吴王出兵攻楚。他针对楚国当时的实力，提出分吴军为三部，轮番攻击楚国，以引诱楚军出战，等到楚军疲惫了，再大举进攻，必能克敌制胜。吴王阖闾采纳了伍子胥的建议，于第二年先后出兵攻占了楚国的几个城池，不断侵扰楚国长达六年之久，迫使楚军被动应战、疲于奔命、实力大为削弱，为自己大举攻楚创造了有利条件。最后，吴军大举入侵，势如破竹，一直打到楚国的都城。

创造主动权的方法

诱敌

在战场上，形势可谓千变万化，敌我双方在战前都会制定作战计划，但为了实现我军的方案且必须让敌军的计划失效，最好的办法就是诱敌，然后围而歼之。

疲敌

疲劳战术，就是把主动权从敌人手里夺回来的妙计。如果敌军准备充分，就等着和我军决斗；如此一来，就是"两虎相争必有一伤"，但如果先把对手变为"累虎"，那么获胜的概率就大大增加了。

耗敌

打仗最怕遇到持久战，因为双方兵力都比较强盛，粮草也十分充足。在这个情况下，想要战胜敌人就要想办法让敌人的粮草损耗得很快。

乱敌

敌人阵型整齐，驻扎安稳，貌似无懈可击。此时的敌人是想以静制动、以逸待劳，那么我方就必须想尽办法打乱敌人的阵脚，将"安稳"的主动权转移到我方。

故善攻者，敌不知其所守

原文

行千里而不劳者，行于无人之地[1]也。攻而必取者，攻其所不守也；守而必固者，守其所不攻也。故善攻者，敌不知其所守。善守者，敌不知其所攻。微[2]乎微乎，至于无形。神[3]乎神乎，至于无声，故能为敌之司命[4]。

注　释

1.**无人之地**：比喻让敌人松懈、没有防备之处。

2.**微**：微妙。

3.**神**：神奇、高妙。

4.**司命**：命运的主宰。

译　文

行军千里而不感到疲惫，是因为走在没有敌人的道路上；而进攻会取得成功的是敌人疏于防守的地方；防御之所以固若金汤，是因为守在敌人没有进攻的地方。所以善于进攻的将领，能使敌人不知道该如何防守；善于防御的将领，能使敌人不知道该怎样进攻。微妙啊！微妙到看不出任何形貌；神奇啊！神奇到听不见丝毫声音。所以，这能够成为敌人命运的主宰。

解　读

孙子认为作战时，带兵的将领一定要根据实际情况，正确判断战争的形势。如果要进攻，那么就必须采用一切手段，打乱敌人的防守计划；如果要坚守，那么就要想办法让敌人无从下手。

我们必须通过各种手段迷惑敌人，使敌人难以找到确切的战场和攻击方向，从而能使我军掌握主动的攻势，处于有利的地位。运用战术的奇妙之处，就在于无声无息，让敌人无法察觉我方真正的意图。若能巧妙地运用，便能够出其不意、赢得胜利。

在现代商战中，无论是市场的进攻者，还是防御者，都可以通过不断创新或寻找未被占领的市场，使自己处于不断"运动"的状态，让竞争对手摸不清自己的意图，然后借此机会，严守或扩大自己的市场占有率。

经典案例：另辟蹊径的胜利

日本的SONY公司是音响设备的大型制造企业，擅长以集中制造超高级产品战略取得成功。SONY公司创业仅四年，就成功地甩掉很多竞争对手，在高级扩大机市场上独占鳌头。该公司成功的原因之一，就是在许多大企业尚未涉足的领域展开竞争，把有音乐素养的音乐爱好者当作对象，以五百亿日元的扩音器喇叭市场的十分之一作为目标。

当时，这一领域属于市场的盲点，其他的大企业不太可能集中精力争夺。由此，SONY公司通过这种正确的市场定位，加上一流的产品性能和一流的售后服务，一举占领了高级扩音器喇叭市场。

经典战例：声东击西

第二次世界大战中，苏联军队在发动白俄罗斯战役时，为了隐藏战役企图，采取天然伪装，扰乱德军的视觉和听觉，使之难以发现。

同时，苏军在战线南翼波罗的海沿岸地区，利用游击火炮从假阵地内射击，并出动歼击机巡逻，制造假象。由于计划相当周密、行动隐蔽，虽然伪装的规模很大，但一直没有露出很明显的破绽。

结果，这个计策蒙骗了德军，德军一直以为苏军主力在南翼而不在白俄罗斯，这大大地分散了德国在白俄罗斯的兵力。

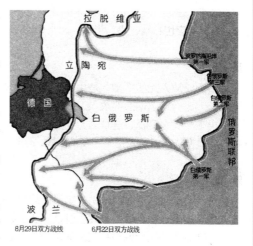

8月29日双方战线　6月22日双方战线

白俄罗斯战役爆发后，苏军出其不意地突破德军防御，迅速攻进白俄罗斯和立陶宛、拉脱维亚的一部分，将战线向前推进五百五十至六百公里，一路逼近东普鲁士边境地区。

善攻者
将领根据实际情况，打乱敌人的阵势，像一把尖刀，直刺敌人的心脏。

善守者
将领不惧敌人的攻势，采用良好的防守战略，让敌人无懈可击。

攻其所必救

原文

进而不可御者，冲其虚也[1]；退而不可追者，速而不可及也[2]。故我欲战，敌虽高垒深沟，不得不与我战者，攻其所必救[3]也；我不欲战，画地而守之，敌不得与我战者，乖其所之也[4]。

注 释

1.**进而不可御者，冲其虚也**：御，抵御。冲，攻击、袭击。虚，防备空虚之处。

2.**速而不可及也**：速，迅速。及，赶上、追上。

3.**必救**：必定救援之处，比喻利害攸关之地。

4.**乖其所之也**：乖，违、相反，此处有改变、调动的意思。之，往、去。

译 文

进击而使敌人无法抵御，是由于击中敌军懈怠空虚的地方；撤退而使敌人不来追击，是因为行动迅速而使敌人追赶不及。所以我军求战时，敌人即使高垒深沟也不得不出来与我军交锋，这是因为我们攻击了敌人必救的地方；我军不想作战时，驻扎一个地方防守，敌人也无法和我作战，这是因为诱使敌人改变进攻方向。

解 读

孙子在此论述如何在战争中牢牢抓住战与不战的主动权，随机应变。"攻其所必救"是掌握战争主动权的重要手段，它要求将帅要善于攻击敌方要害，或断其粮草，或占其后路，从而调动敌方军队，为己方造成有利的态势，把难对付的敌人变为容易进攻的敌人。其中最著名的战例便是围魏救赵。

现代社会的市场状况风云多变，应争取主动权，攻击对方要害，改变对方的优势条件，使自己化被动为主动，方能获得成功。20世纪70年代，美国比奇·那特公司战胜当时处于领先地位的伯格公司就是最好的例子。

比奇·那特公司研究后发现，伯格公司的儿童食品所含的糖分和盐分过多，违反了营养学家和生理学家关于儿童不宜食用过多糖和盐的意见。于是，他们在这上面大做文章，以科学家的意见为依据，指责伯格公司的食品有害儿童健康。同时又通过各大媒体大肆宣传自己公司新产的低盐、低糖或无糖的儿童食品，造成伯格公司的产品销售量大减，与此同时，比奇·那特公司轻而易举地夺取了大部分市场。

经典战例：围魏救赵

庞涓

孙膑

公元前353年，魏国以庞涓为将，率兵八万伐赵，很快打到了赵国首都邯郸，赵国抵挡不住，遣使向齐国求救。齐威王命田忌为大将，孙膑为军师，率兵八万救赵。刚开始，田忌主张直接进军邯郸与魏军主力决战，配合赵国里应外合夹击魏军。可是，孙膑认为不可与魏军死战。田忌不解地问："赵国邯郸危在旦夕，除了直接前去解救之外，还有更好的办法吗？"孙膑说："现在魏国的精兵强将都调到邯郸城下，国内只剩些老弱残兵。我们可以直接攻打魏国都大梁，趁虚而入，庞涓必然率军回救，撤离邯郸。这样既可解邯郸之围，又可趁魏军回撤之际狠狠攻击，岂不是一举两得吗？"田忌听后，连声赞叹："好计！好计！"于是立刻改变计划，直扑大梁。庞涓听到这个消息，心急如焚，立即撤军回救。魏军长期攻城作战，又长途奔走，人困马乏，疲劳不堪。当行至桂陵之时，遭到齐军伏击，几乎全军覆没。

故形人而我无形，则我专而敌分

故形人而我无形[1]，则我专而敌分[2]。我专为一，敌分为十，是以十攻其一也[3]，则我众而敌寡。能以众击寡，则吾之所与战者，约[4]矣。吾所与战之地不可知，不可知，则敌所备者多；敌所备者多，则吾所与战者，寡矣。

注　释

1.**故形人而我无形**：形人，使敌人现形。形，此处作动词，显露的意思。无形，即不显露形态，隐蔽真形。

2.**我专而敌分**：我专一（集中）而敌分散。

3.**是以十攻其一也**：指我在局部上对敌，拥有以十击一的绝对优势。

4.**约**：少、寡。

译　文

要使敌人暴露在外而我军隐蔽，这样一来，我军兵力就可以集中，而敌人兵力却不得不分散。我们的兵力集中在一处，敌人的兵力散在十处，如此一来，我们就能以十倍于敌的兵力去进攻敌人，因而造成我多而敌寡的有利态势。如果能做到集中优势兵力攻击劣势的敌人，那么同我军正面交战的敌人也就有限了。我们所要进攻的地方，敌人绝对不可以知道，如果不知道，那么他要防守的地方就很多，敌人防守的地方越多，那么我们进攻的敌人就越少。

解　读

孙子在此提出集中兵力歼灭敌军的问题。他认为将帅必须擅长将己方分散的兵力集中，并利用计谋分散敌军的兵力、削弱对方的实力，造成以多击寡的优势，若能成功地"以十攻其一"、使"我众而敌寡"，这样一来，胜利对于我们而言，也就轻而易举了。

在商战中，专注才能进步，特别对于实力不强的公司，集中力量于一个领域，比分散实力于不同领域会有更大的发展。

我们必须清楚地知道，联合起来的力量不仅仅是分散力量的简单相加，它会使企业具有更强的实力。

经典案例：EMC的成功

EMC公司成立于1979年，做了十年记忆体制造，在20世纪80年代末看到网络的发展趋势，继而认识到网络经济的基石在于资讯（以资料形式存在），所以毅然决定把公司积累的资金和技术全部投向资料智慧储存领域，进而迎来了EMC的飞速发展。虽然EMC的创始人和CEO迈克·鲁特格斯是最早看到国际网络商机的少数人之一，但EMC进入资料储存领域之际，面临的并不是阳关大道，而是像超级巨人IBM那样的竞争对手。EMC之所以能在这场力量悬殊的较量中获胜，关键就在于专精于一个领域。即使当EMC崭露头角，有很多公司找上门来希望与其合作时，EMC也没有被网际网络上的商机所眩惑，仍坚持主攻资料智慧储存领域，进而确立在这市场的霸主地位。

韩信的"形人"策略

汉高祖五年（公元前202年），刘邦用韩信之计，调集各路大军追击项羽至固陵（今安徽寿县），与九江王黥布会合攻城父（今安徽涡阳东），一路由固陵向东，将项羽围在垓下，层层包围得水泄不通。项羽兵少，而且缺粮，屡战不胜、士气低迷。到了晚上，刘邦派人在楚军四周高唱楚歌，项羽闻之大惊，以为汉军已攻占楚地，随即率八百骑兵突围，第二天天亮仅剩二十八个骑兵。最后汉军追至乌江，项羽势单力薄，只有自刎而死。

分化敌人兵力的好处

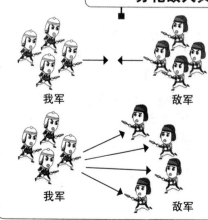

当势均力敌的时候，如果与敌人硬拼，那么必定损失惨重。所以，将领需要因势利导，想尽所有办法分散敌军的兵力。

将敌人的兵力分散之后，就形成了包围的态势，这样一来，原先的兵力对比就发生了变化，我方可以集中优势兵力，将敌人各个击破。

无所不备，则无所不寡

原文

　　故备前则后寡，备后则前寡，备左则右寡，备右则左寡，无所不备，则无所不寡[1]。寡者，备人者也[2]；众者，使人备己者也[3]。

注 释

1.**无所不备，则无所不寡**：如果处处设防，必然处处兵寡力弱，陷入被动。

2.**寡者，备人者也**：兵力之所以相对薄弱，在于分兵备敌。

3.**众者，使人备己者也**：兵力之所以占有相对优势，是因为迫使对方分兵备战。

译 文

　　防备了前面，后面的兵力就薄弱；防备了后面，前面的兵力就薄弱；防备了左边，右边的兵力就薄弱；防备了右边，左边的兵力就薄弱。处处加以防备，就处处兵力薄弱。兵力之所以薄弱，是因为处处分兵防备；兵力之所以充足，是因为迫使对方处处分兵防备。

解 读

　　孙子认为，在作战中要善于分散敌人的兵力，因为处处布防，每一个地方都要派人守卫，这样一来，我方就可以专攻一点，形成破竹之势。原本强大的敌人，因为要防备我方的进攻，所以兵力将会变得弱小，而我军则集中优势兵力，给敌人以重创。

　　另外，我们还要善于隐蔽自己，让敌人难以判断我方优势兵力的具体位置，从而多方防备，使兵力分散，这就是"无所不备，则无所不寡"。如此一来，就算敌人的兵力再多，也无法取胜，我方便可以众击寡，一举突破。

　　在商战中，经常可以看到许多公司过度的扩张。这些公司会在同一时间内，推出太多的类似商品，由于己身资源过度的分散，反而导致实力下降，最后甚至造成分崩离析的结果。我们可以从很多企业中，看到"无所不备，则无所不寡"所造成的恶果。

经典案例：夏新的扩张之苦

　　厦门的著名企业夏新，在鼎盛时期，曾经红极一时。那时夏新的手机市场占有率很高，在大陆地区一直名列前茅。有了前期的成功，夏新开始迅速的扩展，业务涉及IT和房地产等各个领域。在厦门，随处可见"夏新"的足迹：饭店、商店使用的夏新液晶电视，路边有夏新酒店和夏新社区，甚至路边警示牌上一角也专门打上了"夏新电子股份有限公司"的字样；然而正是由于盲目扩张，导致资金出现问题。2008年，夏新的三季财报显示，1～9月净亏损4.65亿元，负债总额高达27.3亿元，而公司资产总额仅为20.3亿元，已是资不抵债。

经典战例：成吉思汗的成功之旅

成吉思汗（1162年～1227年），即元太祖，又称成吉思可汗，蒙古族，杰出的军事统帅。成吉思汗名铁木真，1271年元朝建立后，忽必烈追尊成吉思汗庙号为太祖，谥号法天启运圣武皇帝。

　　成吉思汗经过多年征战，统一蒙古各部族。蒙古原臣属于金朝，为了摆脱金的束缚，成吉思汗表面上仍对金朝惟命是从，但暗地里则积极准备对金作战。随着蒙古日益强大，金朝逐步加强北部边境的防御，他们修筑堡垒、派兵守卫，处处设防的结果是，既无防御重点，又没有在重要的地点配备机动兵力。

　　元太祖6年（1211年）2月，成吉思汗带领十万人马南征。4月蒙古军取大水泺（今内蒙古商都南）、丰利（今内蒙古尚义县境内）等地。后因天气炎热，蒙古军暂停进攻。金帝完颜永济得知蒙古军大举南犯，非常惊慌，定州刺史赵秉文建议派兵袭击蒙古腹地，使蒙古军有后顾之忧，迫其撤军而还，但金帝并未采纳。7月，经过休整后的蒙古军，朝东南进军。蒙古军以众击寡，势如破竹，直逼中都（今北京市）城下，金军非降即逃。

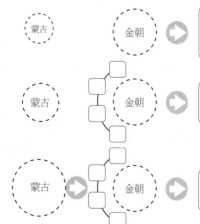

将敌人的兵力分散之后，就形成了包围的态势，这样一来，原先的兵力对比就发生了变化，我方可以集中优势兵力，将敌人各个击破。

金朝发现蒙古壮大，采用分兵把守的策略，使兵力分散，又未能找到重点防御的方法，所以处于劣势。

蒙古找到金的弱点，然后直插金朝的腹地，掌握了战争的主动权。最后打到了金朝的都城。

故知战之地，知战之日，则可千里而会战

原文

故知战之地，知战之日，则可千里而会战[1]。不知战地，不知战日，则左不能救右，右不能救左，前不能救后，后不能救前，而况远者数十里，近者数里乎？以吾度之，越人之兵虽多，亦奚益于胜哉！故曰：胜可为也。敌虽众，可使无斗[2]。

注 释

1.故知战之地，知战之日，则可千里而会战：如能预先了解掌握战场的地形条件与交战时间，则可以赴千里与敌交战。

2.无斗：无法与我战斗。

译 文

所以，如能预知交战的地点和时间，即使跋涉千里也可以前往与敌人会战。而若不能预知在什么地方、时间交战，则会导致左翼救不了右翼、右翼救不了左翼、前不能救后、后不能救前的情况，何况想要在广则数十里、近在数里的范围内做到应付自如。依我分析，越国的军队虽多，对取得战争的胜利又有什么保障呢？所以说，胜利是可以造就的。敌兵虽多，还是可以使它失去战斗力。

解 读

孙子在这里提出"胜可为"的作战原则，即在作战中发挥将领的主观能动性，使形势朝对我方有利的方面转移。

优秀的将帅可以根据战场的形势，精确地分析敌我双方的情况，预知交战的时间、地点，并明白应该在何时、何地交战才能掌握主动权，进而获得胜利。因此，胜利是可以争取的，只要具备一定的客观条件，发挥主观能动性，因势利导，就能夺取胜利。

在变化无常的商场，"知战之地，知战之日"是成功的保证。只要按照"胜可为"的原则，发挥人的主观能动性，预测市场动态，及早做好准备，机会来到时就不至于因毫无准备而错失商机了。

运筹帷幄并非"神话"

很多人认为"神机妙算"不太现实，特别是很多故事里都带有迷信色彩，比如诸葛亮设祭坛借东风，而后来的学者分析，诸葛亮其实是掌握了气象学的原理，而摆弄一些道具，仅仅是做样子罢了。

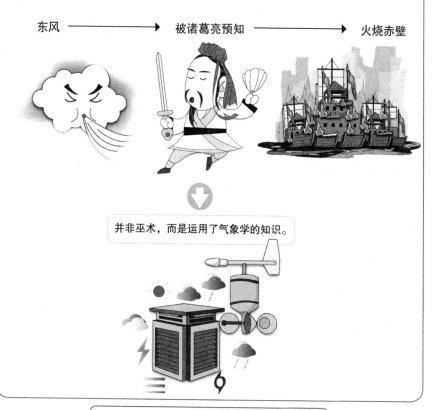

东风 ——————➤ 被诸葛亮预知 ——————➤ 火烧赤壁

并非巫术，而是运用了气象学的知识。

经典案例："酒桶"的先见之明

美国著名的企业家哈默，在1931年从苏联回国后，曾对美国的政治局势进行了认真研究，他认定罗斯福一定会掌握美国政权，一旦罗斯福实行他的"新政"，那么1920年的禁酒令将会被废除。届时如果要解决全国对酒的需求，肯定需要相当数量的酒桶，而当时市场上却没酒桶出售。于是，哈默向苏联订购了几船桶板，并在纽约码头设立了临时桶板加工厂。当哈默的酒桶源源不断地制成时，正好赶上禁酒令的废除，使酒厂的生产量大增，酒桶的需求量也跟着飞升。酒桶很快便被高价抢购一空，哈默也因此大赚了一笔。

策之而知得失之计

原文 　　故策之而知得失之计[1]，作之而知动静之理[2]，形之而知死生之地[3]，角之而知有余不足之处[4]。

注 释

1.**策之而知得失之计**：策，策度、筹算。得失，作战计划的优劣。

2.**作之而知动静之理**：作，兴起，此处指挑动。动静，敌人的活动规律。

3.**形之而知死生之地**：形之，示形于敌。死生之地，指敌的优势或薄弱环节、致命环节的所在。

4.**角之而知有余不足之处**：角，量、较量。有余，指实、强之处。不足，指虚、弱之处。

译 文

所以要通过认真的谋划，来分析敌人作战计划的优劣得失；要通过挑动敌人，来了解敌人的活动规律；要通过佯动示形，来试探敌人生死命脉的所在；要通过小型交锋，来了解敌人兵力的虚实强弱。

解 读

在这里，孙子提出了关于"知彼"的论述，也就是作战者要通过"策划""挑动""示形""交锋"这四种手段来探悉敌情，进而了解敌人的强弱和虚实，找出要害之处。只要掌握敌人的活动规律和作战计划，那么就以有利于我军制定相应的作战计划。

因此，上述四种探知敌情的方法，可谓"知己知彼"的方法论的延伸，具有很强的参考意义。

现代商场瞬息万变，同样需要通过"策划""挑动""示形""交锋"来了解市场状况。比如许多厂商在正式投入市场之前，往往要采用"交锋"的策略，试销新产品，以刺探行情，征求消费者的意见，为新产品上市打好基础。

由此可见，经商者必须善于分析市场动向、预测需求的变化，根据市场的动态来制定战略战术。

知彼的四技

策划
经过仔细的观察和分析，就可以判断出敌人作战策略的优点和缺点。

伏在山崖上观察敌情

挑动
通过挑动敌人行动，我军就可以看出敌人的活动规律。

一小部分人去挑动敌人

示形
通过一小部分的部队去示弱，就可以弄清楚当下的地形是否对敌人有利。

引诱敌人追赶

交锋
通过一次攻击，就可以探清敌人兵力布置是怎样的。

两军对垒

了解敌情，并不单单是采用观察的方法。有时候必须有一两次交锋，才能摸清敌人的底细。很多战争在爆发之前，都会有局部的小型战役，这正是双方在试探对方的实力，以便决定下一步该怎么部署。

115

其战胜不复，而应形于无穷

原文

故形兵[1]之极，至于无形。无形，则深间不能窥，智者不能谋[2]。因形而措胜于众，众不能知；人皆知我所以胜之形，而莫知吾所以制胜之形。故其战胜不复，而应形于无穷[3]。

注 释

1. **形兵**：指挥队部署过程中的伪装佯动。
2. **深间不能窥，智者不能谋**：间，间谍。深间，指隐藏极深的间谍。窥，刺探、窥视。
3. **应形于无穷**：应，适应。形，形状、形态，此处指敌情。

译 文

所以佯动示形进入最高的境界，就再也看不出迹象和形态。那么，即使是深藏的间谍也窥查不了底细，老谋深算的敌人也想不出对策。人们只能知道我用来战胜敌人的办法，却无从知道我是怎样运用这些办法出奇制胜的。所以每一次胜利，都不是简单的重复，而是根据不同的情况变化无穷。

解 读

在此，孙子提出了"战胜不复"的军事思想，也就是每一次胜利都不是简单使用同一种方法，而是要根据不同的形势灵活用兵。胜利需要因形制胜、因形取胜，这必须要求将帅不能固守陈规、拘泥于某一种形式。

作战的方法有很多种，这次用一种作战方案获得成功，但下次未必适用。因此，应该根据战场的具体情况，制定相应的作战方案，根据不同的敌人采取不同的措施，灵活机动，"因形""应形"来做出正确的判断。

20世纪70年代，一场全球性的经济危机曾像狂涛怒浪般席卷世界各地。在这股浪潮的严重冲击下，有的企业衰败沦落、倒闭破产；有的企业积极应变、奋起直追。这些企业之所以不惧危机，取得成功的秘诀是：在激烈的竞争中，根据市场的变化采用不同的策略，此即"其战胜不复，而应形于无穷"，是以"新"、以"奇"取胜。

经典案例：与时俱进的西尔斯

　　美国的西尔斯公司在创业初期，主要是供给美国农民所需，专门生产和提供符合农村需要的商品，并开展邮购服务。20世纪20年代后期，公司在持续经营邮购业务的同时，大力发展门市零售、建立连锁商店。50年代初，西尔斯公司首创郊区型购物中心，很快便普及全国。50年代，西尔斯成为世界上最大的宝石商和美国最大的书店之一。60年代至70年代，西尔斯又将经营范围扩大到金融业和不动产业。80年代，面对公司业务的下滑，公司一方面进行人力精简，另一方面建立专门的商店或销售处，很快就恢复了元气。

经典战例：李愬的智谋

李愬

　　李愬（773年～820年），字元直。名将李晟之子，有谋略，善骑射。元和十五年（820年）患重病死于洛阳，享年49岁。死后赠太尉，谥曰武。

　　宪宗元和11年（816年），李愬平定了西藩镇割，活捉了造反的吴元济。事后很多人问李愬："当初，你在朗山打了败仗，却不着急，而本可以在吴房获胜，为什么又放弃？甚至顶着大风雪孤军深入蔡州？我们都不大明白。"李愬回答说："朗山失利，可以使敌人骄傲，轻视我们；吴房本可以占据，但那样会使敌人逃奔蔡州，联兵固守，所以故意放弃，分散敌人兵力；大风雪则有利于我军隐蔽，使敌人难以得知我军的实力；我军深入敌后，将士都抱着决一死战的决心，奋勇杀敌。我是看到远处才不看近处，想到了大局才不计小事，如果因小胜而骄傲、因小败而苦恼，那怎么会取得胜利呢？"说完，大家都佩服李愬的深谋远虑。

兵之形，避实而击虚

原文

夫兵形[1]象水，水之形，避高而趋下。兵之形，避实而击虚。水因地而制流，兵因敌而制胜[2]。故兵无常势，水无常形[3]。能因敌变化而取胜者，谓之神。故五行无常胜，四时无常位，日有短长，月有死生。

注 释

1.**兵形**：用兵打仗的方式，也可理解为用兵的法则。

2.**水因地而制流，兵因敌而制胜**：制，制约、决定。制胜，制伏敌人以取胜。

3.**兵无常势，水无常形**：势，态势。常势，固定永恒的态势。常形，一成不变的形态。

译 文

用兵的法则就像流水的属性，是避开高处而流向低处；行军作战的原则是避开敌人坚实之处，攻击其弱点。水因地形的高低而制约流向，作战则根据不同的敌情制定取胜的策略。所以，用兵打仗没有固定刻板的态势，正如水的流动不会有一成不变的形态一样。如果能够根据敌情变化而灵活机动取胜，就可以叫作用兵如神。所以五行相生相克，没有哪一个是固定的，而四季也是循环不已，没有固定不变的季节，正如白天有短有长、月亮有圆有缺。

解 读

孙子在这里论述了"因敌而制胜"的军事原则，指出作战者如果能善于运用计谋，用兵出神入化，才是最高明的。孙子认为"兵无常势，水无常形"，打仗用兵没有固定的模式，就像流水会根据地势而改变形态一样，虚虚实实、真真假假，这就是"兵无常势"之计。诸葛亮的"空城计"就是最经典的例子，他利用魏军既成的心理定式，将空虚暴露在敌人面前，使敌方难以揣摩，而在犹豫不决中丧失战机，不战自败。

而"兵无常势，水无常形"在商战中也极为重要，它要求领导者不能墨守成规，而要突破心理定式，获取胜利。没有哪一家企业的产品自上市之日起就一成不变，例如可口可乐的包装一直在不停地改变，如今的形貌已经和当初截然不同。这样的目的就是为了与时俱进、不断地迎合市场需求。

经典案例：绿巨人的红脸

美国绿巨人罐头食品公司在产品进军市场时，决定以身披树叶的绿巨人作为企业形象。代表健康的绿色巨人，给顾客留下深刻的印象。产品上市不到一年，绿巨人几乎家喻户晓，绿巨人罐头的销售量也直线上升；但由于市场需求量太大，公司产量有限，无法满足市场需求，于是公司又做了一则"红脸绿巨人"图案的广告，再配上弦外之音："很抱歉，因为我们的产品供不应求，所以感到难为情。"这则幽默又贴切的广告深得消费者喜爱，使绿巨人平安渡过难关，奠定了罐头业的霸主地位。

经典战例：好水川之战

宋仁宗时期，西夏日益强盛，于是韩琦、范仲淹被任命为副使，负责抗击西夏。韩琦不听范仲淹固守的劝告，派任福率军到达怀远城，正遇上镇戎军西路巡检常鼎与西夏军队战于张义堡南，杀死几千西夏人马。西夏军诈败，任福不知是计，尾随追击。于是宋军孤军深入，造成粮草不继，人困马乏。到达好水川后，遭遇西夏军队主力的伏击，宋军将士战死一万余人。任福身负重伤，刘进劝他投降，任福大声喊道："我是大将，打了败仗，就该以死殉国！"于是自杀。任福的儿子任怀亮，以及部将桑怿、刘肃、武英、王圭、赵津、耿傅都英勇战死。最后，宋军仅有几千人逃脱。

天都山　天都寨
西夏
宁安寨
西吉
怀远城
得胜寨
隆德寨
武英
张义堡
任福、桑怿
笼竿城
好水川
静宁
三川寨
宋军
镇戎军
蔚茹河
六盘山

任福之败

没有掌握水无常形的道理

翻山越岭，孤军深入，本就危机重重，再加上粮草不足，导致士气低下。而此时如果和敌人交战，更是凶多吉少。如果能探悉敌军动向，谨防偷袭和埋伏，或有取胜之机；然而一成不变的应敌策略，则导致宋军成为待宰羔羊。

第7章

军争篇

本篇论述如何争夺制胜的有利条件，使自己掌握作战主动权的问题。孙武认为：首先，必须了解各国的政治动向，还必须熟悉地形、必须使用向导，做到情况明朗；其次，必须行动统一、步调一致，做到"其疾如风，其徐如林，侵掠如火，不动如山，难知如阴，动如雷震""勇者不得独进，怯者不得独退"；第三，要求指挥正确，机动灵活，"避其锐气，击其惰归"。只有做到以上几点，才能在战争中处于有利的位置。

后人发，先人至

原文

孙子曰：凡用兵之法，将受命于君，合军聚众，交和而舍，莫难于军争。军争之难者，以迂为直[1]，以患为利。故迂其途，而诱之以利[2]，后人发，先人至[3]，此知迂直之计者也[4]。

注 释

1.**以迂为直**：迂，曲折、迂回。直，近便的直路。

2.**故迂其途，而诱之以利**："其""之"均指敌人。迂，此处当作动词。

3.**后人发，先人至**：比敌人后出动，却先抵达将要争夺的要地。

4.**此知迂直之计者也**：知，这里是掌握的意思。计，方法、手段。

译 文

孙子说：用兵的法则，是将帅根据国君的命令，招募兵士与敌人对抗，在这个过程中，没有比把握战机更困难的。争夺制胜条件最困难的地方，在于要把迂回的弯路变为直路，要把不利的条件转化为有利。同时，要使敌人的近直之利变为迂远之患，并用小利引诱敌人，这样就能比敌人后出动而先抵达必争的战略要地，这就是掌握以迂为直的方法。

解 读

孙子采用逆向思维的方式，提出"以迂为直"的计策，强调在战争中"后人发，先人至"的思想，也就是要变不利为有利。在战争中，如果能抢先占领有利的地势、掌握有利的战机，就能形成有利于我方作战的形势。如果敌人没有防备，我方的策略就变得相对灵活了，而且占据了主动；如果敌人有防备，那我方的行动就会受制于人，成了比较被动的一方。因此，在战场上要善于分析形势，敢于打破常规，这样才能收到意想不到的效果。

在商业竞争中，在人力、物力、财力均有限，不能直接实现经营目标的情况下，善于利用这种直中有曲、曲中有直的迂直之计，同样能实现既定目标。采取迂回曲折的手段，表面上虽然多费了一番工夫，但由于它故意绕过障碍、投以小利，所以虽是落后于他人的行动，实际上却能更直接、更有效、更迅速地达到目标。

经典战例：赵奢智退秦军

赵惠文王29年（公元前270年），秦国包围了赵国的阏与城，双方相持不下。廉颇、乐乘都认为不能去援救。而赵王命赵奢为主将，领大军救援。赵奢领大军在离邯郸三十里处驻扎，下令只要带兵出战的，一律处死。因此无论秦军怎样叫战，赵奢就是坚守城池。秦军认为赵奢一味防守，不会救援阏与城，所以掉以轻心。而赵奢趁秦军守备松懈，下令前去解救阏与城。赵军日夜兼程，穿越秦军营地，赶到阏与城。赵奢命善射的士兵在阏与城外五十里的地方扎营，又采用部下许历的建议，占领阏与北山。待秦军一到，赵军内外夹攻，秦军伤亡惨重，最后不得不撤军。

图德拉的迂直之计

美国人图德拉希望有机会从事石油生意。从朋友那里，他得知阿根廷即将在市场上购买两千万美元的丁烷气体，但竞争对手是英国石油公司和壳牌石油公司。同时，他还了解到阿根廷正想不顾一切地卖掉很多牛肉。

图德拉告诉阿根廷政府："如果你们向我买两千万美元的丁烷，我一定买你们两千万美元的牛肉。"阿根廷政府和他订下了合约。

买2000万丁烷
买2000万牛肉

得到契约后，他又来到西班牙一个因缺少订单而濒临倒闭的造船厂，向他们承诺："如果你们向我买两千万美元的牛肉，我就向你们的造船厂订购一艘一般两千万美元的超级油轮。"西班牙人欣然同意。

卖2000万牛肉
买2000万油轮

接着图德拉又来到费城的太阳石油公司，对他们说："如果你们租用我正在西班牙建造的价值两千万美元的超级油轮，我将向你们购买两千万美元的丁烷气体。"太阳石油公司也同意了他的条件。

租2000万油轮
买2000万丁烷

就这样，图德拉不费一分钱，就做成了两千万美元的丁烷生意，并如愿以偿地进入了石油业。

无辎重则亡，无粮食则亡，无委积则亡

原文

故军争为利，军争为危。举军而争利，则不及[1]，委军而争利，则辎重捐[2]。是故卷甲而趋，日夜不处，倍道兼行，百里而争利，则擒三将军，劲者先，罢者后，其法十一而至；五十里而争利，则蹶上将军，其法半至；卅里而争利，则三分之二至。是故军无辎重则亡，无粮食则亡，无委积[3]则亡。

注 释

1. **举军而争利，则不及**：举，全、皆。不及，不能按时到达预定地点。
2. **委军而争利，则辎重捐**：委，丢弃。辎重，军用物资的装载，包括军用器械、营具、粮秣、服装等。捐，弃、损失。
3. **委积**：指物资储备。

译 文

所以军争不但有不顺利的一面，同时也有危险的一面。如果全军携带满载的军用物资去争利，就无法按时抵达预定地域；如果丢下部分军队前去争利，则装载的军用物资将受到损失。所以，披着铠甲追赶、日夜兼程，加快行军速度，行走上百里去争利，那么三军的将领都可能被俘虏，强壮的士兵先到，弱小的士兵后到，结果只有十分之一的兵力。行军五十里去争利，将领就会遭遇挫折，将只有一半的兵力；而走三十里路去争利，只有三分之二的兵力。须知军队没有辎重就会失败，没有粮食就不能生存，没有物资储备就难以为继。

解 读

孙子在这里说明了战争对后方供应的依赖性。辎重、粮食、物资主要是靠生产经营而来，春秋战国时期，越国的范蠡提倡经商，齐国的管仲兴办盐业，而到了汉朝，晁错大力发展盐铁，刘邦则苦苦经营汉中，积累财富，而诸葛亮也在蜀国发展生产……这些都是为军队准备充足的物质供应，以保障战争的胜利；从另一方面而言，破坏敌方的物质基础，也是保证我方胜利的重要因素之一。

从经营的角度讲，"无辎重则亡，无粮食则亡，无委积则亡"，这里提到的三亡，从反面说明一个不争的事实：经济实力对于企业发展的重要性。实力强大的公司常利用他们雄厚的资金、先进的设备、充足的原料和能源供应，让对手望之却步，在竞争中轻易获胜。

经典战例：隋文帝灭南陈

隋文帝杨坚为灭南陈，将战争划分为军事及物资两个阶段进行。首先进行物资战，即每逢南陈播种或收获季节，就出动少量隋军进攻，让南陈军民放下农具，拿起武器准备战斗。等南陈准备好了，隋军又立即撤走。南陈由于耽误了播种和收获，粮食歉收，加上战备，又消耗器械及储备物资。连续七年，南陈的财力和物资耗殆尽，全民陷于食无粮、穿无衣、用无器械的困境。而隋文帝则在这七年间积极发展生产，加强战备、兵精粮足。589年初，隋大举进攻南陈，仅仅四个月的时间，南陈就灭亡了。

后备物资的重要性

物资雄厚	物资紧缺

有时候，打仗就是拼经济实力，哪一国的实力雄厚，就是最后的赢家。如果缺少物资，到最后只能坐以待毙。

（士兵士气高昂）

（士气低迷）

如果双方物资都比较充足，那么就要想办法消耗敌方的物资，以便在战场上取得有利地位。

抢劫、焚烧粮草

如果我方缺乏物资，就要想办法补充。如果不能补充，则要想办法速战速决，不能被持久战拖垮。

偷袭敌营

一旦敌人物资短缺，那么我方就要抓住这个优势，消耗敌人的力量，以一定的攻势，让敌人无还手之力。

发动进攻

故兵以诈立，以利动

原文

　　故不知诸侯之谋者，不能豫交；不知山林、险阻、沮泽之形者，不能行军；不用乡导者，不能得地利。故兵以诈立[1]，以利[2]动，以分合为变者也。

注 释

1.立：成立，此处指成功。

2.利：好处、利益。

译 文

　　所以不了解别国的企图，就不能与之结交；不熟悉山林、险阻和沼泽等地形，就不能行军；不请向导指路，就无法取得地形上的优势。用兵打仗，必须依靠多变的计谋以争取成功，依据是否有利来决定自己的行动，按照分散或集中兵力的方式来变换战术。

解 读

　　所谓"兵不厌诈"，是战争中的一个重要的战略思想和战术原则。"诈"在心理学上就是制造错觉，通过假象混淆视听，扰乱敌方的心智、以迷惑敌人，使其上当受骗，松懈对自己的防备，抓住有利时机，达到克敌制胜的目的。孙子认为在战争中要把握主动、争取胜利，就要善于利用巧妙的变化，虚虚实实、真真假假，采用各种计谋，使敌人难以了解我方行动的真实意图，然后出奇制胜，取得胜利。

　　在商战中，各大企业也非常重视以智取胜。现代企业也往往采用"诈术"迷惑对手，在对手疏于防范之际出手。商家如果想在短期内取得出奇制胜的效果，则可以采取一些故弄玄虚的手段放烟雾弹，让竞争对手摸不透、看不清自己的战略意图，达到震撼性的效果。这样一来，便可以迅速抢占市场。

经典战例：郑武公灭胡

　　春秋时候，郑国的国君武公，一直想收服北方的胡人。他首先派遣使臣到胡国去，要求和胡国结盟、和睦相处。胡人的首长虽然答应，但仍然严密地戒备着。紧接着，郑武公把自己的女儿许配给胡国的首长做妃子。有一天，武公召集文武官员，说："我想开拓疆土，增强国势，你们认为应该先攻占哪个国家呢？"大夫关其思说："我以为目前以攻打胡国最好。"郑武公大怒，斥责他道："我的女儿出嫁到胡国，我们已经成了兄弟之邦，怎么能背信弃义呢？"这件事传到胡国，胡国首长确信郑武公没有攻打自己的野心，便将驻屯在边界的守军撤回到北方的都城。郑武公趁机发动大军，灭掉胡国。

木马屠城计：亡国的诈术

公元前1200年，希腊斯巴达皇后海伦，被海峡对岸的特洛伊王子帕里斯抢走。希腊人渡过爱琴海去攻打特洛伊，但因其防守甚严，历时九年仍未攻克。

最后，希腊人想出一条妙计，他们听说特洛伊王子喜欢马，于是造了一匹高大无比的大木马，将士兵藏匿在木马之中，然后将其弃置在城墙上，其余的人都上船，佯装撤退。

表面上看来，希腊人似乎放弃了这场战争。等希腊人走了之后，特洛伊人发现一匹高大精巧的木马，于是将大木马拉进城中。

等到天黑以后，木马里的士兵出来杀了守城的特洛伊人，再打开城门，让藏在城外的希腊军冲进城内，大败特洛伊守军，并将特洛伊城夷为平地。然后，斯巴达国王将海伦王后接回了希腊。

先知迂直之计者胜

原文　　　故其疾如风，其徐如林，侵掠如火，不动如山，难知如阴[1]，动如雷震。掠乡分众[2]，廓地分利[3]，悬权[4]而动。先知迂直之计者胜，此军争之法也。

注 释

1.难知如阴：荫蔽难测。

2.掠乡分众：分兵掠夺城邑。

3.廓地分利：开拓疆土，分守利害。

4.悬权：秤锤悬秤杆上，在此指衡量。

译 文

所以，军队行动迅速时就像疾风一样快，行动迟缓时就像森林一样安静，攻击敌人时像烈火，实施防御时像山岳，隐蔽时如同浓云蔽日，冲锋如迅雷不及掩耳。要分兵掳掠敌方的乡邑，要分兵扼守要地，以扩展自己的领土，并权衡利害关系，然后伺机而动。懂得以迂为直的将帅就能取得胜利，这是争夺制胜的原则。

解 读

"其疾如风，其徐如林，侵掠如火，不动如山"，这大概是《孙子兵法》中最广为人知的带兵策略。从古至今，无数将帅都将这条策略视为行军的准则，在变化无穷的战场上，如何指挥军队显得尤为重要。如果要有所行动，那么就要快，以速度取胜；如果要防守，就要坚如磐石，稳扎稳打；如果要偷袭敌军，就不能暴露我军的行踪。可攻可守，可战可退，在战场上游刃有余。另外，孙子还强调了"迂直之计"的重要性。

在战争中，无论采取哪种战略，都要看清形势、仔细地权衡利弊，并采取果断的行动。

在商业竞争中，高明的决策者往往懂得如何制定计划、设定目标。产品投入市场必须讲究时机，就好比战场上的士兵何时攻击敌人一样。假如同业的产品已经捷足先登，就不要急于和对手打价格战、拼个你死我活，冷静观察才是上策；而一旦找到了对手的弱点，就要毫不犹豫地出击，给对手致命一击。

经典战例：保护密码的策略

1940年11月晚，德国的轰炸机对英国考文垂市进行了长达10小时的空袭，考文垂市惨遭重创，人员死伤不计其数。其实，在考文垂市遭受轰炸的48小时之前，英军就用最新研制的密码机破译了德军的轰炸密令，但丘吉尔决定不采取防御行动，目的是为了保护新密码机的技术不被泄露。丘吉尔的决策，其实就是"迂"，因为此后保卫英伦三岛的长期作战中，密码机保护的远远不止一个考文垂市。

风林火山

16世纪，日本迎来了长达100年的战国时代。在此期间，武田信玄（1521年～1573年）因与上杉谦信长期作战而闻名，成为群雄之一，也是让对手敬畏的智将。武田信玄在作战中能充分运用《孙子兵法》，他所制定的突击旗，就有"疾如风，徐如林，侵掠如火，不动如山"十四个大字。武田信玄的兵法在慎战、全胜以及不战而屈人之兵方面与《孙子兵法》有异曲同工之妙。

疾如风

速度是进攻的先决条件。所谓迅雷不及掩耳，就是要趁敌人还没做好准备的时候，取得绝对优势。

徐如林

在行军时，为了不让敌人发觉，一定要做到悄无声息，此时军队的纪律性就显得尤为重要。

侵掠如火

火最大的特点就是蔓延迅速，而且杀伤力强。因此进攻敌人就要保持火的特性，用气势压倒敌人。

不动如山

防守最重要的就是要稳，不管敌人多么凶猛，都不能乱了阵脚。只要稳扎稳打，再强的敌人也不怕。

三军可夺气，将军可夺心

原文

军政曰：言不相闻，故为[1]之金鼓；视不相见，故为旌旗。夫金鼓旌旗者，所以一人之耳目也[2]；民既专一[3]，则勇者不得独进，怯者不得独退。此用众之法也[4]。故夜战多金鼓，昼战多旌旗，所以变人之耳目也。故三军可夺气[5]，将军可夺心[6]。

注 释

1.**为**：设、置。

2.**所以一人之耳目也**：人，指士卒、军队。一，统一。

3.**专一**：同一、一致。

4.**此用众之法也**：用众，动用、驱使众人，亦即指挥人数众多的军队。法，法则、方法。

5.**夺气**：挫败锐气。

6.**将军可夺心**：动摇敌将之心。

译 文

《军政》说：作战时，士兵听不到将帅的号令，所以要设置金鼓；士兵看不到将帅的动作，所以要设置令旗。因此夜战多用金鼓，而白天打仗多用令旗。金鼓和令旗是指挥军队的工具，使全军统一行动，那么勇敢的士兵就不能单独行动，怯懦的士兵也不会单独后退，这就是指挥军队的方法。对于敌人的军队，可以使其士气低落；对于敌军的将帅，可以使其决心动摇。

解 读

在这里，孙子引出了"心理战"的概念。面对敌人的百万雄师，该如何取胜呢？如果敌人士气很旺，那么就不能硬拼，最好的办法就是挫败敌军的士气；如果敌人的将领信心十足，那么最好的办法就是动摇将领的决心。这才是克敌制胜的关键。拿破仑曾说："一支军队的实力，四分之三是由士气构成的。"可见战争不仅仅是武力的比拼，更是士气和军心的较量。一个军心涣散的部队毫无战斗力可言，而一个犹豫不决的将领，又怎么能够让自己的军队发挥最大的战斗力呢？因此，要善于利用各种心理攻势，对敌人施加压力、降低士气、动摇军心，使敌人丧失战斗力。

在商战中，"心理策略"同样重要，只有建立良好的企业形象，取得消费者的信任，才能赢得市场。如今，研究消费者的心理，已经成了所有企业的必修课，因为假如你的产品没有得到消费者的认可，那么就算技术再先进，也难以在市场中立足。最大限度地迎合消费者的需求，才是企业打造产品的准则。

经典战例：妙用宣传攻势

1941年，德国建造了几十艘潜艇，需要招收几千名潜艇水手。许多德国青年都跃跃欲试，准备去报名。为了破坏德国海军的征募计划，美国海军心理战部门精心设计了一张传单。在这张传单上，潜艇被画成"钢铁棺材"，并配有文字说明：在潜艇上工作是非常危险的，由于长期与外界隔绝，人的寿命很短。结果许多德国青年看到这张传单，由棺材想到死亡，于是纷纷放弃报名。美军这一策略，在很大程度上延缓了德军完善水军的进度。

心理战的目的

- 最大限度地争取盟友，孤立对方，置对方于心理弱势和劣势。
- 采用各种手段，降低敌人战斗的决心，或者让敌人降低警觉心。
- 想尽一切办法鼓舞我军的士气，使将士同仇敌忾，提高战斗力。

20世纪70年代，在第三次中东战争中，埃及为了打击以色列，加紧进行战争准备，并经常利用周末进行军事演习。一开始，以色列非常重视演习，都会做出反应、采取行动，结果每一次都是虚惊一场。久而久之，以色列人就形成了惯性思维，认为埃及都在进行演习，警觉降低了。

1973年10月6日，埃及又以演习为名集结军队，向以色列发动突然袭击，当时，以色列人毫无戒备，结果埃军大获全胜。

"噪声"攻略

伊莱克斯在扩大市场时，第一个利用噪声为噱头打广告，广告词为："冰箱的噪声，你要忍受的不是一天、两天，而是十年、十五年……我们的冰箱好得让您一生都能相依相靠，静得让您日日夜夜都察觉不到。"

善用兵者，避其锐气，击其惰归，此治气者也

原文　　是故朝气锐，昼气惰，暮气归。故善用兵者，避其锐气，击其惰归[1]，此治[2]气者也。

注释

1.避其锐气，击其惰归：避开士气旺盛之敌，打击疲劳沮丧、士气衰竭之敌。

2.治：此处做掌握解。

译文

军队初战时士气饱满，过一段时间，就逐渐懈怠，最后士气就衰竭了。所以善用于兵的人，总是先避开敌人初来时的锐气，等到敌人士气懈怠衰竭时再去攻击他，这是掌握运用军队士气的方法。用自己的严谨来对付敌人的混乱，用自己的镇静来对付敌人的轻躁，这是掌握将帅心理的手段。

解读

在此，孙子再次提出了"善于用兵者"的基本素养。战争如果不讲策略，让将士和敌人硬拼，那么即便是指挥得当也免不了损兵折将。所以作为一个优秀的将帅，首先要考虑的是如何寻找敌人的弱点，发挥自己的强势，特别忌讳以弱攻强。所谓"避其锋芒"，就是要避开敌人的强势，如果敌人士气正旺，就要想办法打击敌人的士气。在敌军士气低迷的时候出兵，用我军的强势去打击敌人的弱势，那么必定可以取得胜利。

"避其锐气，击其惰归"也是市场行销策略的集中表现。企业的产品如果要投入市场，那么必须认真分析竞争对手的情况。例如：对手的产品究竟有什么长处和弱点，然后针对这一情况，改善自己的产品，抢占还未被对手占领的市场。

经典案例：以小博大

美国一本名为《有限公司》的杂志从1979年发行以来，已取得非凡的成功。在创刊之初，杂志的编辑部就没有打算取得大企业的青睐，因为针对大型企业的杂志已经充斥市场了，所以《有限公司》将客户群定位在小企业主。结果杂志发行的第一年，就接了价值约600万美元的广告，一鸣惊人。

诺曼底登陆：宏大的避其锋芒战略

1944年6月6日，盟军为了开辟欧洲西线战场，发起了一场大规模攻势。盟军接近三百万名士兵渡过英吉利海峡，前往法国诺曼底。目的除了光复法国，还要开辟一条直通柏林的战线。诺曼底战役至今仍是世界上最大的一次海上登陆作战。

为了保障计划顺利实施，盟军选择了诺曼底作为登陆地点。

此时，德军也知晓盟军会采取攻势，他们想尽一切办法要阻击盟军。而盟军所要做的就是要避开德军主力。

当登陆地点定在诺曼底之后，盟军想尽一切办法保护机密、混淆视听，让德国人无法判断登陆的确切位置。

德军没有办法，只好在法国沿岸大规模布防，从而分散了兵力。

1944年6月6日，盟军发动海陆空三军，从诺曼底的朱诺、奥马哈、犹他等海滩登陆，像几把尖刀，撕碎了德军的防线，为欧洲战场奠定了胜利的基础。

盟军空降点

盟军进攻路线

盟军与德军
主要冲突区

以治待乱，以静待哗

原文

以治待乱[1]，以静待哗[2]，此治心者也。以近待远，以佚待劳，以饱待饥，此治力者也。无邀正正之旗[3]，勿击堂堂之陈[4]，此治变者也。

注 释

1.**以治待乱**：治，整治。待，对待。

2.**哗**：鼓躁喧哗，指骚动不安。

3.**无邀正正之旗**：邀，迎击、截击。正正，严整的样子。意即不要迎击旗帜整齐、部署周密的敌人。

4.**勿击堂堂之陈**：陈，同"阵"。堂堂，壮大。即不要去攻击阵容强大、实力雄厚的敌人。

译 文

用自己的严谨对付敌人的混乱，用自己的镇静对付敌人的浮躁，这是掌握将帅心理的手段。用自己部队接近的战场来对付远道而来的敌人，用自己供应充足的部队来对付饥饿不堪的敌人，这是掌握军队战斗力的秘诀。不要去打击旗帜整齐的敌人，不要去进攻阵容强大的敌人，这是掌握灵活机变的原则。

解 读

在这里，孙子将"制胜之道"的方法加以延伸，"以治待乱，以静待哗""以近待远，以佚待劳，以饱待饥"等作战原则，都是孙子针对敌人的心理而采取的措施。

"治心"也就是要掌握军心。首先要治理好自己的军队，无论是进攻还是防御，军队都可以应对自如，这样才能用自己的优势来对付敌人的弱势。

善战的将帅除了整治好军队之外，还要有足够的谋略使敌人"乱"。无论敌人再怎么强大，只要发生了混乱，就如同一盘散沙，不堪一击。这是克敌制胜的关键所在。

在商战中，企业的经营者如果也有"以治待乱"的计策，就可以趁竞争对手懈怠或力量薄弱的时候出击，进而快速地抢占市场。

经典案例：福特的崛起

美国福特汽车公司自成立之日起，一直想占领世界豪华汽车市场，但由于竞争对手的实力强大，特别是英国积架汽车公司有独特的优势，所以福特的愿望一直未能实现。到了1988年，积架汽车公司出现了管理混乱的局面，加上生产成本上升，利润锐减。到了11月1日，英国贸易局突然宣布放弃积架汽车公司的黄金股份。此时，福特公司"乱而取之"，很快就宣布以十六亿英镑的价格收购积架汽车公司，进而实现了自己的梦想。

以强攻弱的辩证

我军的优势		敌军的劣势
治军严谨	⇒	管理混乱
上下齐心	⇒	军心动摇
养精蓄锐	⇒	疲惫不堪
补给充足	⇒	补给匮乏

"以治待乱"定辽东

官渡之战，袁绍兵败，曹操占据了冀、青、幽、并四州。袁绍的儿子袁尚、袁熙逃往辽东依附公孙康，公孙康既不愿袁氏在辽东落脚，又怕曹操进攻辽东，所以将袁尚和袁熙留下。207年，曹操攻打乌桓之后，有人劝曹操攻打辽东，曹操却回答："不用着急，公孙康会将二袁之头送来的。"公孙康正担心曹操会讨伐他，但见曹军没有动静，于是马上除掉二袁，以求自保。没过几天，二袁的首级就送到曹操手中。曹操不费一兵一卒便消灭了二袁，平定了辽东。

曹操 → 公孙康 → 袁尚 / 袁熙 ⇒ 曹操以镇静对付公孙康的忧虑；以稳健对付公孙康的急躁，所以稳操胜券。

穷寇勿追

原文

故用兵之法，高陵勿向[1]，背丘勿逆[2]，佯北勿从[3]，锐卒勿攻，饵兵勿食，归师勿遏[4]，围师必阙[5]，穷寇勿追，此用兵之法也。

注 释

1.**高陵勿向**：高陵，高山地带。向，仰攻。

2.**背丘勿逆**：背，倚仗之意。逆，迎击。

3.**佯北勿从**：佯，假装。北，败北、败逃。从，跟随。

4.**遏**：阻击。

5.**阙**：同"缺"。

译 文

用兵的法则是：如果敌人占领山地，就不要仰攻；若敌人背靠高地，也不要正面攻击，敌人假装败退时不要跟踪追击，同时也不要攻击士气旺盛的敌军，不要理睬敌人的诱兵，对正在退回本国途中的敌军不要正面阻击，包围敌人时要留出缺口，陷入绝境的敌人不要过分逼迫，这些都是用兵的法则。

解 读

孙子强调了"高陵勿向，背丘勿逆，佯北勿从，锐卒勿攻，饵兵勿食，归师勿遏，围师必阙，穷寇勿追"的八大原则。如果敌人占领了高地，那么强攻就会损失惨重；如果敌人背靠山丘，进攻就会激发敌军的战斗力；如果敌人诈败，追赶就会中埋伏；如果敌人士气很旺，交战就很难取胜；如果贪小利，就有可能造成巨大损失；如果和撤回本国的敌人交战，士气上就处于劣势；包围敌人时留出缺口，目的就是要引诱敌人走入自己的圈套，以便更快地歼敌；不能逼迫处于绝境的敌人，就是担心他们会奋力拼杀，给我军带来不必要的损失。

以上八条定律，历来都是将领们带兵打仗所尊奉的法则。坚持八大原则的目的，就是让统帅在指挥战斗时能辨清形势，认清敌人用兵的方法，可以针对不同的敌情，采取不同的措施以克敌制胜。

同样的道理，在商业竞争中，经营者也需要认清形势，懂得"锐卒勿攻"的道理，不要冒险和强大的竞争对手硬拼财力、物力和人力，而是要找出竞争者的弱点、发起进攻，才能一举成功。

经典案例：另辟蹊径

美国福特公司成立之初，规模很小，无法实力强大的汽车公司抗衡。当时，许多汽车制造商致力于高级汽车的生产。于是福特另辟蹊径，生产一种平价汽车。产品问市后，因价格低廉，广受中低阶层的消费群欢迎，为福特公司带来巨大的利润。

穷寇勿追

既然讲究"乘胜追击"，那么打败了敌军，就要一鼓作气将其消灭，为什么要放弃这个机会，让敌人逃跑呢？

明朝永乐十七年（1419年），明朝政府派兵追剿长期侵犯边境的倭寇。6月14日，辽东总兵刘江（起初冒充父亲的名字，后改名为刘荣）得知望海埚东南王家山岛夜里有火光，所以急忙派兵前去。

第二天，2000多个倭寇登岸后排好队形，直取望海埚。刘江命令指挥钱真、徐刚带领士兵埋伏，又派人焚烧倭寇的船，断其归路。随后刘江亲自带兵迎战，引诱倭寇进入埋伏圈。倭寇中计，被打得落花流水，残兵败将逃入附近的樱桃园空堡。

此时，有人建议强攻，但刘江认为把敌人逼急了，反而会激发他们的战斗力，于是下令留一条退路。倭寇看见明军有了破绽，便开始向西逃奔。明军乘势夹击，杀了千余个倭寇，剩余的全部投降。

此战是明朝抗倭的首次大捷。自此后的数十年间，倭寇再也不敢随便侵犯辽东了。

明朝常用兵器一览

狼筅　镗耙　腰刀　长枪　藤牌

第8章

九变篇

　　本篇论述将帅指挥作战应根据各种具体情况，灵活机动地处理问题。孙武强调，首先要考虑的问题是必须兼顾利与害两个方面，在有利的情况下要想到不利的因素，在不利的情况下要想到有利的因素；其次，要根据不同的竞争目标，采取不同的竞争手段；第三，自己要立足充分准备、使敌人不可攻破的基础上，不能心存侥幸；第四，要克服偏激的性情，全面、慎重、冷静地考虑问题。

地有所不争，君命有所不受

原文　孙子曰：凡用兵之法，将受命于君，合军聚众。圮地无舍[1]，衢地合交[2]，绝地无留[3]，围地则谋[4]，死地[5]则战，涂有所不由，军有所不击，城有所不攻，地有所不争，君命有所不受。

注　释

1.**圮地无舍**：圮，毁坏、倒塌。舍，此处指宿营驻扎。

2.**衢地合交**：衢，四通八达，衢地即四通八达之地。合交，指结交邻国以为援。

3.**绝地无留**：绝地，难以生存之地。意为遭逢绝地，不要停留。

4.**围地**：指进退困难、易被包围之地。

5.**死地**：进退无路，很容易被敌人歼灭的地形。

译　文

孙子说：大凡用兵的法则是，将帅接受国君的命令，征集民众、组织军队。出征时在难以通行的"圮地"上不可驻扎，在多国交界的"衢地"上应结交邻国，在"绝地"上不要停留，退到"围地"时要巧设奇谋，陷入"死地"后要殊死战斗。有的道路不要通行，有的敌军不要攻打，有的城池不要攻取，有的地方不要争夺，国君的部分命令不要遵行。

解　读

因为战场上的情况瞬息万变，所以孙子提出将帅在用兵之时，一定要"因地""因情""因势"，灵活机动地处理问题，不要按照教条行事，故步自封。在面对五种情况（"圮地""衢地""绝地""围地""死地"）时，也要采用相应的对策。

同时，孙子认为任何事情都要从全局考虑，对于那些无关大局的局部目标，要坚决地"不由""不击""不攻""不争"。总之，慎重而灵活地选择作战方案，有时候，甚至要做到"不受"，才能保证我军立于不败之地。

在残酷的市场竞争中，决策的重要性毋庸置疑。在无法把握商机，失去竞争主动权时，能否及时地撤退显得至关重要。对于经营者来说，没有希望的市场，要赶快撤退，并另辟蹊径；千万不能争夺已被别人占领的市场，以避免不必要的损失。

经典战例：曹爽伐蜀

244年，魏国大将曹爽领军伐蜀，当他带兵到达兴势山前，发现蜀军已经占据了有利地形，如果不迅速撤退，就有可能被蜀军断了后路，甚至全军覆没。于是，曹爽不等魏王批准，就果断下令撤退。魏军撤退途中，果然发现蜀军正向魏军后方的三岭地区移动。曹爽率领魏军抄小路避过蜀军堵截，才安全撤退。

"五地"之策

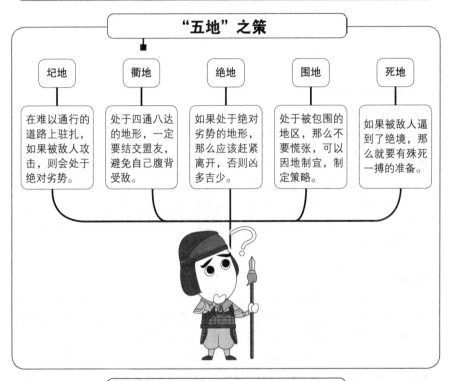

圮地	衢地	绝地	围地	死地
在难以通行的道路上驻扎，如果被敌人攻击，则会处于绝对劣势。	处于四通八达的地形，一定要结交盟友，避免自己腹背受敌。	如果处于绝对劣势的地形，那么应该赶紧离开，否则凶多吉少。	处于被包围的地区，那么不要慌张，可以因地制宜，制定策略。	如果被敌人逼到了绝境，那么就要有殊死一搏的准备。

将在外，君命有所不受

古代交通和通信都不发达，在外远征的将帅，如果执行一个命令都要等皇帝批示，那么很可能会延误战机。所以将帅在带兵打仗时，不能拘泥于"皇命"，在必要的时候要果断做决定，只要策略对战势有利，哪怕是违反了最初的计划，也是有必要的。

通于九变之利者，知用兵矣

原文

故将通[1]于九变之利者，知用兵矣。将不通于九变之利者，虽知地形，不能得地之利矣。治兵不知九变之术[2]，虽知五利，不能得人之用矣[3]。

注 释

1.**通**：通晓、精通。

2.**九变之术**：九变的具体手段和方法。

3.**不能得人之用矣**：指不能够充分发挥军队的战斗力。

译 文

将帅如果能精通各种机变的利弊，就是懂得用兵。将帅如果不能精通各种机变的利弊，那么即使了解地形，也不能够得到充分利用地理的优势，以达到战胜敌人的目的。指挥军队如果不知道九变的方法，那么虽然知道"五利"，也不能充分发挥军队的战斗力。

解 读

所谓的"九变"，并不是固定的九种方法，古人认为九为最大的数，所以九变即是变幻无穷的意思。运用在战场上，"九变"就是要求将领必须制定灵活机动的作战策略，且要根据特定的地形和敌情，采取特定的处理方式。

孙子之所以强调"九变"的重要性，正是基于战场的变化多端，任何书本的教条都不可以用来纸上谈兵。哪怕是制定好的绝妙计策，也要根据战场的形势灵活地调整，要因势而变，千万不能墨守成规。孙子认为只有真正懂得"九变"，才能取得最终的胜利。

同样地，企业的经营没有一成不变的模式，也没有万事万灵的经营法则。也就是说，经营者要善于审时度势，从市场实际情况出发，制定最好的决策。

另外，虽然市场的机会一直存在，但成功的关键在于企业能否发现机会、把握机会，并选定正确的战略。而不懂得随机应变的企业，即便能够抓住机会，也很难取得成功。

经典案例：塑料之神的崛起

　　王永庆在初入塑料行业的时候，并没有太多的经验。对于经济刚刚起步的台湾来说，塑料还是一个新兴产业，而日本的塑料制造业已经日趋成熟。一开始，王永庆的产品虽然能卖，但价格还是不够低，成本始终降不下来。在这个时候，王永庆决定加大产量，当时很多企业高层表示反对，因为资金都出现问题，扩大产量是非常危险的；然而事实证明王永庆是正确的，他正是审时度势，虽然走了一步险棋，却振兴了一个行业。

经典战例：智取成都

缘由 —— 211年，刘备应刘璋之请，进驻葭萌关，抗拒汉中张鲁的入侵，后来因刘备向刘璋借军马钱粮受到刁难，双方翻了脸。刘备感觉进退两难，拿不定主意。

计策 —— 庞统献计

上策 —— 选派精兵昼夜兼程去偷袭成都。

中策 —— 假意回荆州，杀杨沛、高沛，夺取葭萌关，攻占涪城，然后再攻打成都。

下策 —— 撤军白帝城，再回荆州，从长计议。

刘备定夺 —— 上策太仓促，下策太缓慢，中策可以实施。

结果 —— 夺下涪水关，攻下雒城，取绵竹，直捣成都。

智者之虑，必杂于利害

原文

是故智者之虑[1]，必杂于利害[2]。杂于利而务可信也，杂于害而患可解也。是故屈诸侯者以害，役诸侯者以业，趋诸侯者以利。

注 释

1.**智者之虑**：聪明的将帅思考问题。虑，思考。
2.**必杂于利害**：必然充分考虑和兼顾利弊两方面的因素。

译 文

因此，明智的将帅考虑问题，必须兼顾利与害两个方面。在有利的情况下考虑到不利的方面，大事便可以顺利进行；在困难的情况下考虑到有利的方面，那么祸患就可以消除。所以，要用诸侯害怕的事情使其屈服，要用危险的事情役使诸侯，要用小利使诸侯归附。

解 读

在这里，孙子提出著名的"趋利避害"原则。他主张将帅要从利和害这两个方面来分析问题、权衡得失。任何一个计策，都有"利"和"害"两个方面，哪怕是再成功的策略，也可能包含不利因素。

所以，我们一定要充分认识到利、害二者之间的关系，正所谓"杂于利害"，就是指在有利的条件下，要能清楚地看到不利的因素；在不利的情况下，更要善于把握有利因素。

战斗的指挥者要具有全局意识与观念，要能认清利害之间的关系，带领下属趋利避害，防患于未然。

在激烈的市场竞争中，利与害也是相辅相成的，所谓"祸兮福之所倚，福兮祸之所伏"。因此，经营者要有"趋利避害"的思想，在形势不利时，要善于分析企业的优势，寻求突破点；而当事业一帆风顺时，则要看到潜伏的危机，未雨绸缪，提早做好准备。

经典案例：趋利避害解危机

1962年，苏联将导弹运往古巴，引发了导弹危机。美国认真分析了形势，认为如果不闻不问，显得美国软弱；但如果出兵干涉，则有可能有挑起第三次世界大战；如果用舆论工具或采用谈判的方式，那么不仅费时费力，而且收效甚微；如果对古巴进行海上的经济封锁，切断贸易通路，在经济上拖垮古巴，那么既可以展示美国的国威，又能避免武装冲突，还能在短期内解决问题。于是，美国总统甘乃迪毅然采取经济封锁策略，果然迫使苏联在五天后将导弹撤走。

管仲治国的趋利避害

管仲

管仲（公元前723年～约公元前645年）名夷吾，字仲，春秋时期齐国著名的政治家、军事家。管仲少时丧父，生活贫苦，为维持生计，与鲍叔牙合伙经商，后来从军，到了齐国。经鲍叔牙力荐，为齐国上卿（即丞相），被称为"春秋第一相"，辅佐齐桓公成为春秋时期的第一霸主。管仲的言论见于《国语·齐语》，另有《管子》一书。

管仲经商时，往往可以根据时局把握住机会而大赚一笔。当上丞相之后，更是把这种策略加以推广，他的思想集中表现在《管子·禁藏》中。

善于治国的人，要用"害"来约束人们，用"利"来引导人们，能掌握利害，那么财富就会增加，同时可以减少过失。看见利没有不追求的，遇到害没有不想躲避的，这是人之常情。商人做买卖，一天赶两天的路，夜以继日、千里迢迢，是因为利在前面。渔人下海，在那里逆流冒险、不辞辛劳，是因为利在水中。所以，只要有利，即使高山，人们也要上；即使深渊，人们也愿意进去。所以，善治国的人，要掌握住利之所在，循循善诱，就可以国强民富。这就像鸟孵蛋一样，不见其形，不闻其声，小鸟就破壳而出了。

害 —— 尽一切努力克服不利因素 —— 利

用兵之法，无恃其不来

原文   故用兵之法，无恃[1]其不来，恃吾有以待之；无恃其不攻，恃吾有所不可攻也。

注 释

1.恃：依赖、寄望。

译 文

所以，用兵的法则是：不要寄望敌人不会来，而要依靠自己有充分的准备，严阵以待；不要寄望敌人不会进攻，而要依靠自己有充足的力量，使敌人无法进攻。

解 读

常言道"不打没有准备的仗"，也就是说应对敌人切不可掉以轻心。如果敌人没来进攻，就疏于防备，那么势必埋下祸根。因此"有以待""有所不可攻"才显得尤为重要，任何时候，都不要把希望寄托在敌人"不来"或"不攻"上，而应该有充分的准备，防患于未然。这是孙子提出的一种积极备战的思想，无论你何时来，我都可以从容应对。进攻有策略，防守同样有讲究。孙子历来都主张积极防御，哪怕是转攻为守，都要考虑到每一个细节，坚决不给敌人有可乘之机。

在商场中没有永远的赢家，因此要想在竞争中始终保持优势，就必须不断增强自己的实力，防止被竞争对手抓住把柄，例如，有许多处于行业领导者地位的企业，为巩固既有的地位，经常不断开发新产品和服务，来加强自己的地位；换一个角度思考，处于劣势的企业为了突破困境，一定要千方百计地寻找对手的弱点。

经典案例：AT电脑的崛起

20世纪70年代，蓝色巨人IBM的经营策略，就是不断推陈出新，让对手很难立足。IBM首先推出个人电脑XT型，具有大容量的硬盘；接着是装置全新微处理机的个人电脑AT型，它价格低，功能却相当丰富，带给竞争对手巨大的压力，使他们不得不考虑调整自己的产品和经营策略。AT型电脑的推出，使许多电脑公司出现重大危机，有的甚至因为巨额亏损而倒闭。

春申君之死

春申君（公元前320年～公元前238年）本名黄歇，曾任楚相。黄歇博学多才，能言善辩。楚考烈王任用黄歇为相，封为春申君。与平原君赵胜、孟尝君田文、信陵君魏无忌合称为"战国四公子"。

事出有因

楚考烈王没有儿子，春申君非常担忧。后来，春申君娶了赵国人李园的妹妹。李园的妹妹生下一个儿子，春申君献给考烈王，被立为太子（即楚幽王），而李园的妹妹则被立为王后。

埋下祸根

李园凭借妹妹的地位，逐渐掌握了大权。他担心太子的身份暴露，而且想取代春申君的位置。所以豢养了一批死士，准备行刺春申君。黄歇的门客朱英得到了这个消息，不断地提醒他。

终酿悲剧

黄歇没有理会朱英的警告。不久，楚考烈王去世，李园抢先进入王宫，在棘门埋伏下刺客。春申君前去王宫奔丧，被刺客刺杀。后来楚幽王继位，李园取代黄歇，被任命为楚国令尹。

评析

声名显赫的春申君，在将儿子献给考烈王做太子时，就应该考虑到其中的危险；特别是李园得势之后，更应该审时度势，防患于未然，即便没有意识到危机，也不能对朱英的提醒置之不理。春申君之死，与其说是被人谋害，不如说是疏于防范而酿成的恶果。

将有五危

原文

　　故将有五危：必[1]死，可杀也；必生，可虏也；忿速，可侮也[2]；廉洁，可辱也；爱民，可烦也。凡此五者，将之过也，用兵之灾也。覆[3]军杀将，必以五危[4]，不可不察也。

注 释

1.**必**：坚持、固执之意。

2.**忿速，可侮也**：忿，愤怒、忿懑。速，快捷、迅速，这里指急躁、偏激。

3.**覆**：覆灭、倾覆。

4.**必以五危**：必，一定、肯定。以，由、因的意思。

译 文

　　所以，当将帅的有五种致命的毛病：一味死拼蛮干，就可能被敌人诱杀；贪生怕死，就可能被敌人俘虏；脾气暴躁，就可能中敌人的凌辱之计；廉洁而注重名声，就可能中敌人侮辱的圈套；只顾"爱民"，就可能导致烦扰而不得安宁。以上五点，是将帅最容易出现的过错，也是用兵的祸害。军队覆没，将领被杀，大多是由于这五种过失造成的，这是不得不慎重注意的。

解 读

　　将领为什么会打败仗？在这里，孙子列出了将领的五种致命缺陷，即有勇无谋、贪生怕死、急躁易怒、太爱面子、过分爱民如子。这些倾向，在对敌争斗中都可能被敌人所用、所困、所攻、所杀。

　　人无完人，每个人都有缺点，因此不可能要求带兵打仗的将领都完美无缺；但打仗并非儿戏，指挥失当带来的后果非常严重，因此作为带兵打仗的将领，必须努力地克服自己的弱点。一个理智而精明的将领，都非常清楚自己的弱点，所以行事会非常谨慎，避免自己中了敌人的计谋。

　　由上述的例子，我们可以发现，现代企业的管理也是如此，公司的管理层就好比将领。公司的运作是以人为中心，策略由人制定，计划由人执行。因此，公司的成功往往就是人的成功。经营者是否能够克服自己的缺点、做出正确的判断，决定了公司的发展和成败。

经典战例：爱民如子，险误大事

孙子并不是说作为将领不能爱民，而是在关键时刻要有决断力。刘备历来是爱民如子的典范，刘备失了襄樊，准备逃往江陵，百姓们说："我们愿和您一起去，死而无憾。"简雍劝刘备快走，刘备不听，于是与十万军民同行，一天只走十余里路，特别是渡襄江耽误了许多时间，阻碍了军队的行动。而曹操利用刘备军队行动迟缓，一路冲杀，导致刘备妻儿离散，军民死伤无数。刘备如此爱民，竟成了害民、害军。

五危的害处

有勇无谋 → 作为将领，勇、武的确重要，但单凭武力，便只是一介武夫。带兵打仗如果不讲究谋略，只可能落得一败涂地的下场。　代表人物　吕布

过于胆小 → 无论是贪生怕死还是胆小如鼠，都是将领致命的弱点，因为他在需要做决定的时候，往往会不知所措，从而贻误战机。　代表人物　袁绍

急躁易怒 → 脾气暴躁的人，很容易被敌人激怒，而在盛怒的状态下，根本无法做出理智的判断，吃败仗也不足为奇了。　代表人物　张飞

太爱面子 → 注重名声并不是坏事，但如果把名誉看得太重，那么就会造成自尊心过强，很容易会被敌人所利用。　代表人物　项羽

过分慈悲 → 仁慈不是缺点，但心肠太软的将领，有可能优柔寡断、迟疑不决。不仅耽误战机，而且会祸害他人。　代表人物　刘备

第9章

行军篇

本篇主要讲述在行军作战中，要如何布置军队和判断敌情，以及军队在山地、江河、沼泽地、平原等四种地形中的不同安置办法。孙武提出三十一种观察、判断敌情的方法，只有通过这些方法，把看到、听到和侦察到的各种现象加以分析，掌握真实的敌情，才能制定出正确的作战方案，从而获得胜利。

半济而击之，利

原文

孙子曰：凡处军、相敌：绝山依谷，视生处高[1]，战隆无登[2]，此处山之军也。绝水必远水；客[3]绝水而来，勿迎之于水内[4]，令半济而击之，利；欲战者，无附于水而迎客；视生处高，无迎水流，此处水上之军也。绝斥泽[5]，惟亟去无留[6]；若交军于斥泽之中，必依水草，而背众树，此处斥泽之军也。平陆处易，而右背高，前死后生，此处平陆之军也。凡此四军之利，黄帝之所以胜四帝也。

注 释

1. **视生处高**：视，看、审察，这里是面向的意思。生，生处、生地，此处指向阳地带。处高，即居高之意。视生处高，指面朝阳，居隆高之地。

2. **战隆无登**：隆，高地。登，攀登。

3. **客**：指敌军。

4. **勿迎之于水内，令半济而击之**：迎，迎击。水内，水边。济，渡。半济，指渡过一半。

5. **绝斥泽**：斥，盐碱地。泽，沼泽地。绝斥泽即通过盐碱沼泽地带。

6. **惟亟去无留**：惟，宜、应该。亟，急、迅速。去，离开。

译 文

孙子说，在不同的地形上安置军队应该要注意：经过山地，必须靠近有水草的山谷，驻扎在向阳的高地，敌人占领了高地就不要仰攻，这是山地布阵的办法；横渡江河，必须驻扎在远离水流之处。敌人渡河时，不要在江河中迎敌，要等敌人渡过一半时再出击，这样才有利。如果和敌人交战，不能让军队背对着江河；在江河附近驻扎，也要选择向阳的高地，不要面对河流，这是在江河附近布阵的办法。在沼泽地行军，一定要迅速，不要停留；如果此时和敌人遭遇，那么要靠近水草，而不能背靠树林，这是在沼泽地行军的办法。在平原上行军，军队要以右面依靠高地，地势前低后高，这是平原上行军的办法。这四种行军布阵的方法，正是黄帝可以战胜其他四帝的原因。

解 读

孙子在这里强调了行军打仗要如何应对不同的地形。每一种地形都有利弊，一定要仔细分析，选择适当的地方扎营。排兵布阵也是一样，根据地形布阵，发挥阵型的优势，才能取得胜利。此外，孙子还提出了"半济而击之"的作战原则。意思是当敌人渡河来战，不要在江河边迎击，而应该在他渡河渡到一半时再发动攻击，让敌人始终处于劣势。在现代登陆作战中，尤其要掌握这一作战原则，以便抓住最有利的机会歼灭敌人。

"半济而击之"往往也是企业后发制人的招数之一。很多企业在竞争对手推出新产品时，往往按兵不动，然后经过市场调查，了解消费者对产品的意见，同时认真研究产品的优缺点。在此基础上取长补短，研制出更完善的产品再推向市场，进而夺得有利地位。

顺水还是逆水

水路历来都受到兵家的重视，打仗除了依靠陆军，还得利用水军占领水域。在行军之中，水路既是争夺的焦点，也是需要谨慎对待的地形。

水流是否湍急

渡河需要考虑的条件

气候是否异常

船只是否足够

经典战例：拿破仑渡河

拿破仑

1812年8月，拿破仑远征莫斯科失败，撤军至别列津纳河一线，准备渡河；但河上的桥梁已被俄军炸毁，而且河水已经解冻，无法徒步过河，于是拿破仑下令在渡口以北的浅水区架了两座高架浮桥。11月26日晚，法军开始渡河，就在前面的军队刚到达彼岸，而大部分士兵仍在渡河时，俄军突然发动袭击，并轰炸浮桥。一时之间，法军大乱，死伤无数，许多法国士兵葬身河底。29日，法军为摆脱追击而炸毁浮桥，致使一万多名法国士兵滞留在东岸，成了牺牲者。

凡军好高而恶下，贵阳而贱阴

 凡军好高而恶下[1]，贵阳而贱阴[2]，养生而处实[3]，军无百疾，是谓必胜。丘陵堤防，必处其阳，而右背之，此兵之利，地之助也。

注 释

1.好高而恶下：好，喜欢。恶，讨厌。

2.贵阳而贱阴：贵，重视。阳，向阳干燥的地方。贱，轻视。阴，背阴潮湿的地方。

3.养生而处实：指水草丰盛、粮食充足，能使人马得以休养生息。

译 文

大凡驻军总是喜欢高地，厌恶低洼之地；看重向阳的地方，轻视阴湿的地方。靠近水草处的军需充实，将士百病不生，这是军队必胜的条件。在丘陵堤防处行军，必须占领它向阳的一面，主要侧翼要背靠它，这对军队有利，算是得到地形的辅助。

解 读

在这里，孙子提出了军队驻扎的地理位置选择问题。他认为在行军打仗时，军队要选择高地、向阳的地方和物资丰富处驻扎，这样既有利于我军保持有利地形，无论是进攻和防守都游刃有余，而且还能保证军粮的供应，既能让将士保持良好的士气，还能够防止疾病的爆发和蔓延。

另外，就算是在丘陵地带，也要选择有利地形，随时提防敌人的偷袭。总而言之，选择地形时，必须谨慎地考虑怎样有利于我军，而不能给敌人有任何可乘之机，才不会造成无法挽救的后果。

对于企业来说，重要的是寻找适当的市场定位，一个适合企业发展的目标是成功的关键。在激烈的市场竞争中，最关键的是分析自己和竞争者的优劣势，以便找出自己的目标，使企业能为消费者提供更有效的服务，并有足够的实力去和其他企业竞争，有足够的空间让企业自由发展。

经典案例：皇冠瓶盖的成功

中国大陆的皇冠瓶盖公司在发展之初，看准了软性饮料和罐头的用途。经过仔细分析，皇冠瓶盖公司认为自己在这一领域有相当的实力，可以用低成本制造出优质的产品。于是皇冠瓶盖公司只生产钢罐，而不生产铝罐。同时公司以服务、技术协助和提供种类齐全的钢罐、罐盖和罐装机为特色，大力拓展市场。结果皇冠瓶盖公司获得巨大的成功，这都是因为比其他企业更早占领"高地"的缘故。

驻军地形的优劣

"低地"历来都是兵家大忌，特别是驻军的时候，如果地势低，那么一旦被敌人包围，就成了瓮中之鳖，容易被敌人用水攻和火攻消灭；因此驻军通常要远离低地。

"高地"的优势在于，无论敌人从何处进攻，都可以保持"居高临下"的优势，进攻的敌人就好比打攻城战，需要付出极大的代价。

经典战例：善用地势

唐昭宗干宁四年（897年），汴州刺史、宣武节度使朱全忠带领大军，前去讨伐淮南节度使杨行离。朱全忠命令庞师古攻打扬州，葛从周攻打寿州。庞师古率兵七万进驻清口，部属认为清口地势低注，不宜驻军，但庞师古觉得自己兵多将广，毫不在意。杨行离率军到达楚州，命令朱谨在滩河上堵水截流，准备水淹敌军。探子得到消息，庞师古却认为是谣言，不予理睬。有一天，朱谨率领五千人，冒充汴州军进行突袭，随后杨行离又决堤放水，汴军被淹死者不计其数，最后被全歼于渭水。葛从周被迫撤退，杨行离乘胜追击，汴军大败。

谨覆索之

原文

上雨，水沫至，欲涉者，待其定也。凡地有绝涧[1]、天井[2]、天牢[3]、天罗[4]、天陷[5]、天隙[6]，必亟去之，勿近也。吾远之，敌近之；吾迎之，敌背之。军旁有险阻、潢井[7]、蒹葭[8]、林木、翳荟者，必谨覆索之，此伏奸之所也。

注 释

1.**绝涧**：指两山峻峭，中间有溪流的险恶地形。

2.**天井**：指四周高、中间低洼的地形。

3.**天牢**：牢，牢狱。指周围群山环绕、易进难出的地形。

4.**天罗**：罗，罗网。指荆棘丛生、使军队进入后如走入罗网而无法摆脱的地形。

5.**天陷**：陷，陷阱。指地势低洼、泥泞的地带。

6.**天隙**：隙，狭隙。指两山之间狭窄难行的谷地。

7.**潢井**：潢，积水池；井，指出水之穴地。

8.**蒹葭**：芦草，此处泛指水草丛聚之地。

译 文

上游下雨，爆发了洪水，那么就不要急着渡河，等水势平稳之后再过去。凡是遇到"绝涧""天井""天牢""天罗""天陷""天隙"等地形，必须迅速避开它、远离它，让敌人接近它。而行军路上遇到险山大川、洼陷、水草丛聚之地，一定要仔细、反复地进行搜索，因为这里往往是敌人伏兵或奸细的藏身之处。

解 读

在这里，孙子详细地列举了几种不利的地形，"绝涧""天井""天牢""天罗""天陷"和"天隙"的共同特点都是处于低洼地带，不但不利于行军，而且极易被敌人包围。所以遇到这种地势不开阔、进退两难的地方，必须赶紧离开，不然就有可能导致损兵折将，甚至全军覆灭。地势的选择，有时候决定了战争的胜负。另外，孙子还强调了"谨覆索之"的重要性，如果想要防范敌人，就必须保持高度警惕，要仔细勘察驻军周围的地理环境。

"谨覆索之"反映在商战中，就是要求企业的经营者，在准备进军某一市场时，不能疏忽大意。首先，必须对市场环境进行深入调查，了解消费者的需求，再以此为依据，为企业找到进入市场的突破点，这样才能让产品得到消费者的认可。

选择高地，并非一成不变的教条，而占领高地也并不能保证占有绝对的优势。三国时，诸葛亮让马谡守街亭，反复叮嘱军队驻扎的要领，而马谡到达街亭，发现有地势更高的地方，于是擅自改变驻军地点，结果被敌人用火攻打败。可见是否占领高地，还要根据具体情况而定。

经典战例：石达开的覆灭

1863年5月初，太平天国翼王石达开发兵四川，由花园津至德昌、马道子，得知渡口有清军，于是绕道到达紧打地（今安顺场）。这里左有松林小河，右有先鸦漩河，前面更有汹涌的大渡河。遇到这种不利的地形，本应该迅速离开，但石达开由于妻子生下一子，于是犒赏三军，休息三天。

就在石达开休整的时候，大批清军已经抵达了大渡河，将石达开重重围住，占据了很多关隘，并且将大渡河的索桥拆除，占据绝对有利的地形。

5月21日，石达开抢渡大渡河失败，改走泸定桥通往天全，也被清军阻击。5月29日，石达开的粮道被切断。随后清军分两路夹击石达开，石达开率太平军退到老鸦漩。太平军多次抢渡大渡河都未能成功，而且粮草用尽，陷入绝境。石达开为了保全部下而投降清军，最后在成都被杀害。

评析

石达开的失败就在于陷入不利地形之后，没能即时离开，不但失去占领有利地形的机会，而且被清军重重包围。最后粮道被断，使全军陷入绝境。如果他能早些离开"绝涧"和"天牢"，那么或许历史便要改写。

辞卑而益备者，进也

原文

敌近而静者，恃其险也；远而挑战者，欲人之进也，其所居易者，利也。众树动者，来也；众草多障者，疑也；鸟起者，伏也；兽骇者，覆也；尘高而锐者，车来也；卑而广者，徒来也；散而条达者，樵采也；少而往来者，营军也。辞卑而益备者[1]，进也；辞强而进驱者，退也；轻车先出其侧者，陈也[2]；无约[3]而请和者，谋也；奔走而陈兵车者，期也；半进半退者，诱也[4]。

注释

1. **辞卑而益备者**：卑，卑谦、恭敬。益，增加、更加。
2. **轻车先出其侧者，陈也**：轻车，战车。陈，同"阵"，即布阵。
3. **约**：困屈、受制。
4. **半进半退者，诱也**：似退非退，是为了诱我进入圈套。

译文

敌人悄无声息地靠近，是因为占领了险要的位置；敌人离我们很远却前来挑战，是想诱使我们前进；敌人驻扎在平坦的地方，是因为对他们有利。很多树木摇晃，说明敌人在缓缓靠近；草丛中有很多障碍物，是敌人使用的障眼法；鸟儿受惊而飞翔，是因为有伏兵；野兽逃奔，是因为敌人大举进攻；扬起的尘土高而尖，是敌人的战车前来；尘土低而宽，是敌人的步兵前来。尘土散漫，时断时续，这是敌人在砍薪伐柴；尘土稀少而此起彼落，是敌军准备安营扎寨。敌人措辞谦卑恭顺，同时又加强战备，这显示敌人准备进犯；敌人措辞强硬，在行动上又表示出进攻的姿态，这是其准备后撤；战车先出而摆在侧翼，是在布列阵势；敌人还没有陷入困境，却主动前来请和，其中必有阴谋；敌人急速奔走，摆开兵车阵势，是想与我作战；敌人似进不进、似退不退，是为了诱我入圈套。

解读

孙子在这里不仅例举了如何观察环境，来判断敌人的动向，而且可以根据敌人的态度，来断定他们的真实意图。敌人表现得很卑谦，其实是想掩人耳目，而出其不意的发起攻击；敌人态度强硬，实际上是遇到了困难，准备撤退。因此我军一定要加强戒备，切不可上当。这就要求指挥作战的将领，一定要有敏锐的目光，绝不能被假象所迷惑，上当中计。

在销售中，采用"辞卑而益备"的策略，往往会收到意想不到的效果。所谓"深藏不露"，就是不能让对手察觉自己的真实意图，在对方疏于防范的时候出其不意，占领市场。

"辞卑而益备"的要诀：笑里藏刀

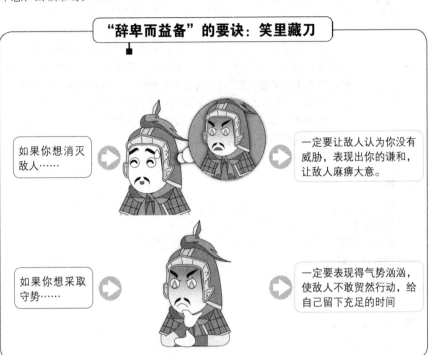

如果你想消灭敌人……

一定要让敌人认为你没有威胁，表现出你的谦和，让敌人麻痹大意。

如果你想采取守势……

一定要表现得气势汹汹，使敌人不敢贸然行动，给自己留下充足的时间

经典案例：妙计除叛徒

宋朝时，名将曹玮负责镇守渭州，他不但治军严谨，而且足智多谋，西夏人都非常怕他。有一天，曹玮正和客人下棋，有数十名士兵叛变，逃往西夏。听到这个消息，许多军官都大惊失色；而曹玮却不动声色，和平时一样谈笑自如，他不慌不忙地告诉大家："是我命令他们这样做的。"西夏人听说这句话，以为这些叛兵是曹玮派来的奸细，于是把他们都杀了。

兵怒而相迎，久而不合，又不相去，必谨察之

原文

仗而立者，饥也；汲役先饮者，渴也；见利而不进者，劳也；鸟集者，虚也；夜呼者，恐也；军扰者，将不重也；旌旗动者，乱也；吏怒者，倦也；粟[1]马肉食，军无悬甄，不返其舍者，穷寇也；谆谆翕翕[2]，徐与人言者[3]，失众也；数赏者，窘也[4]；数罚者，困也；先暴而后畏其众者，不精之至也；来委谢者，欲休息也。兵怒而相迎，久而不合，又不相去，必谨察之。

注 释

1.**粟**：粮谷，这里作动词用，意思为喂马。

2.**谆谆翕翕**：恳切和顺的样子。

3.**徐与人言者**：徐，徐缓温和的样子。人，此处指士卒。

4.**数赏者，窘也**：敌军一再犒赏士卒，说明其处境窘迫。数，多次、反复。窘，窘迫、困窘。

译 文

敌兵靠着武器站立，是饥饿的表现；打水的敌兵，自己先喝水，是口渴的表现；有利可图却不去争夺，是疲惫的表现；营寨上空有很多飞鸟，说明下面没有人；敌人在夜间惊慌喊叫，是恐惧的表现；敌营乱作一团，是敌将没有严谨治军的表现；敌阵旗帜不整齐，是因为队伍已经混乱；军官容易发怒，是全军疲劳的表现；靠杀马吃肉，说明军中没有了粮食了；收拾炊具，而士兵不再返回营房，说明敌军是准备拼死突围的穷寇。敌将低声下气和部下讲话，表明他已失去了人心；敌将不断犒赏士兵，表明敌军已是穷途末路；敌将不断惩罚部下，是遇到了困难的表现；原先对部下凶狠，后来又害怕部下的，是最不精明的将领；敌人派使者来送礼，说明他们想罢兵休整；敌人气势汹汹地与我对阵，长时间不与我军交锋而又不撤退，必须谨慎地观察敌人的企图。

解 读

在这里，孙子进步一强调了"观察敌情"的重要性。两军对峙，了解敌人的动向和军队的整体情况显得尤为重要。虽然我们可以从敌人对待我军的态度上，猜测他们的意图，但要验证这样的猜测，就必须根据真实的情况来判断。这就是"看重

细节，倚重事实"的重要性，既要察言观色，又要结合实际。只要了解敌军的意图才能对症下药，制定出完善的对敌策略。

企业之间的竞争同样如此，不能掌握对手的真实意图，那么很可能就会让别人有机可乘。这就要求企业的管理者，在制定任何一个方针政策时，都要尽可能翔实地了解对手的情况，根据对方的动向采取行动。

经典战例：晋厉公伐郑

公元前575年，晋厉公与齐、宋、鲁、卫四国结成联盟，共同攻打郑国。郑国向盟友楚国求救，楚郑联军集结了九万余人，兵势强大。晋厉公率领五万人率先到达战场，晋国的大将都认为楚郑联军有兵力优势，最好等待盟军到来再进攻；而将领却在观察了敌阵之后，说："敌军有几个致命的弱点。第一，楚军人数虽多，但有很多老兵，没有什么战斗力；第二，郑国的军队连阵势都没摆好，说明缺乏训练；第三，两军的秩序很乱，说明治军不严，两军之间必定有矛盾。"

根据这个建议，晋厉公果断地下达进攻的命令，出其不意打击楚郑联军，最后楚共王负伤，联军大乱，不得不宣布撤军。晋军创造了以少胜多的奇迹，而这都要归功于其敏锐观察力。

销售员的"应敌"妙计

20世纪70年代的石油危机，导致世界石油价格猛涨，汽车销售业陷入困境。一名日本丰田的推销员，面对犹豫不决的美国顾客时，便对他们说："现在油价太高，算来算去，还是自行车好，不仅价格便宜，而且又不耗油。上个月，我买了一辆自行车，结果骑到公司后累得要死，而且下班还要骑回去，这时我才明白轿车必不可少。不过现在油价贵，省油才是关键，所以丰田汽车是最好的选择。"结果丰田汽车的销量不降反增，获得巨额利润。

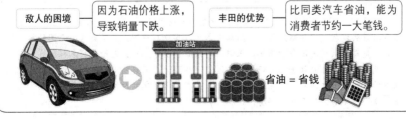

| 敌人的困境 | 因为石油价格上涨，导致销量下跌。 | 丰田的优势 | 比同类汽车省油，能为消费者节约一大笔钱。 |

省油 = 省钱

兵非贵益多

兵非贵益多[1]，惟无武进[2]，足以并力、料敌[3]、取人而已。夫惟无虑而易敌[4]者，必擒于人。

注 释

1.**兵非贵益多**：兵不以多为有利。

2.**惟无武进**：不能凭借兵多就贸然前进。

3.**并力、料敌**：集中兵力，察明敌情。

4.**无虑而易敌**：无谋而轻敌。

译 文

打仗不在于兵愈多愈好，只要不盲目冒进，能够集中兵力、判断敌情、取得人心就足够了。那种既无深谋远虑而又轻敌的人，必定被敌人俘虏。

解 读

在这里，孙子提出了"兵非贵益多"的重要战略原则。通常来说，兵多将广就意味着在战场上占有相当的优势，兵力在很大程度上决定了战争的胜负。然而，并非兵愈多取胜的机会就愈大，战胜敌人的关键在于将帅能否准确判断敌情，并制定正确的应对策略。慎战、并力、料敌、取人，是用兵取胜的四个要素。要获得最终的胜利，单纯依靠兵力是不够的，最主要是要靠将帅的谋略。只要制定好了战略，能把握战机，那么以弱胜强并非不可能。

在商战中，小企业虽然在规模、资源上无法与大企业抗衡，但如能充分发挥企业有限的资源、集中兵力，同样也能在市场中大显身手；但如果分散兵力，只会自顾不暇，甚至连以前仅有的一点竞争力也会失去，以致在场中难以立足。

经典战例：王翦灭楚

公元前236年，秦国将领王翦带兵进攻赵国，攻陷了九座城池。公元前229年，王翦再次带兵攻打赵国，赵王投降。随后王翦又带兵攻打楚国，楚国集结了全国的军队迎战，楚军的数量远远多于秦军。王翦面对强敌，坚守不出，无论楚兵怎样挑战，王翦就是不应战，每天让士兵好好休养。过了一些日子，王翦问身边的士兵说："你们在做什么？"士兵回答："在练习投石。"就在楚军懈怠的时候，王翦果断出兵，大败楚军。一年后，楚王当了俘虏，楚国灭亡。

应敌四法

"兵精"而非"兵多"

虽说兵力很重要，但同样要遵循"品质重于数量"的原则。即便拥有百万大军，但兵士的训练程度不足、军心涣散，战斗力可想而知。在战场上，一支训练有素的部队，往往可以起到"摧枯拉朽"的作用。

 <

取得人心

士兵之所以愿意听命于将帅，随他出生入死，最关键的就是"忠诚度"较高。这与将帅的人格魅力和带兵策略有直接的关系，要想加强士兵的战斗力，将帅就必须设法取得人心。

伺机而动

制定良好的战略，把握战机，是取胜的关键。一个会打仗的将领，必须具备敏锐的观察力，可以找到敌人的弱点，或者在敌人处于防备的时候进攻，克敌制胜。

集中优势兵力

集中优势兵力打击敌人，是孙子反复强调的进攻法则。敌人再强大，总有一疏，所以让我军重点攻击敌人的弱点，以少胜多也并非神话。

令之以文，齐之以武

原文

卒未亲附而罚之，则不服，不服则难用也。卒已亲附[1]而罚不行[2]，则不可用也。故令之以文，齐之以武[3]，是谓必取。令素行[4]以教其民，则民服；令不素行以教其民，则民不服。令素行者，与众相得[5]也。

注释

1.**亲附**：施恩德使士兵亲近归服。

2.**而罚不行**：有刑罚而不严格执行。

3.**令之以文，齐之以武**：文，仁恩；武，威刑。

4.**令素行**：一贯严行法纪。

5.**得**：这里指相处很和谐。

译文

士兵还没有亲近归附就施行惩罚，他们就会不服，不服就很难指挥他们；士兵已经亲近归附了，却不执行军纪，那么也无法指挥他们。所以，用宽厚仁慈的手段去对待士卒，用严格的军纪去管教士卒，这样必定获得部下的敬畏和拥戴。平时认真执行法令、教育士卒，士卒就会服从；向来不注重执行法令、教育士卒，士卒就不会服从。平时法令能够认真执行，这显示将帅与士卒之间的关系相处得很好。

解读

"令之以文，齐之以武"是孙子提出的重要治军原则。首先，要想取得士兵的拥戴，就必须对他们仁慈、拉拢人心；然后用军纪军法来约束士兵的行为，使士兵服从将帅的指挥，这样的军队才能够打胜仗。孙子主张奖励与惩罚、宽厚与严厉并用，可谓赏罚分明。这一治军原则为历代兵家引以为典，极为推崇。我们也可以理解为"文武之道，一张一弛"，也就是刚柔并济、软硬结合，才能让士兵归服，提高战斗力。

企业的内部管理同样重要，员工能否发挥积极性，关键就在于管理制度和奖惩法则是否合理。企业的管理，在很大程度上就是人的管理。因此，作为企业领导人，如何提高员工的忠诚度、挖掘他们的潜力，就在于能否做到"令之以文，齐之以武"。

经典案例：惠普的企业文化

　　成立于1939年的惠普公司，特别重视员工的自由和主动性。公司在制定战略目标时也为员工指明了方向，员工可以创造性地采用自己的方式来完成任务，而不必受太多的限制。为了保证公司以个人为中心，并且保持非正式的、开放的风格，公司内部各部门都实行小型化。当某些分支机构因过度发展而导致规模膨胀时，惠普公司就对这些部门再进行划分。坚持以人力资源管理为核心的原则，使惠普公司一直在同业中保持领先地位，不论是员工还是经营者，都保持着相当高的战斗力。

晋文公的文武之道

晋文公

晋文公（公元前671年～公元前628年），姓姬名重耳，春秋时期著名的政治家，晋国国君。晋文公是晋献公之子，因晋献公立幼子为王，晋文公曾流亡国外十九年，后来在秦国的援助下回国继位。其间，晋文公大力发展生产，扩充兵力，使晋国成为春秋五霸之一。

令之以文

晋文公在赵衰、狐偃、狐毛、介子推等人的辅佐下，实行"通商宽农""明贤良""赏功劳"等政策，整顿内政，发展农业、手工业。同时加强军队、国力大增，出现"政平民阜，财用不匮"的局面。然后平定了周王朝的内乱，获得"尊王"的美名，赢得天下人的称赞。

齐之以武

此外，晋文公设置专门的机构，办理官吏升迁和处理有关纪律的问题，赏罚分明，使官场风气良好，不仅官员廉洁，而且深得民心。后来晋文公于公元前632年出兵，采用"退避三舍"的策略，在城濮大败楚军，称霸天下。

第⑩章

地形篇

　　本篇论述用兵该怎样利用地形的问题，孙子从不同的角度说明作战与地形的密切关系，强调将帅要重视研究和利用地形，以采取恰当的策略，夺取战争的胜利。他明确地指出"地形者，兵之助也"，行军打仗如果"知彼知己"，则"胜乃不殆"；若能"知天知地"，则"胜乃不穷"。

通形者，先居高阳，利粮道，以战则利

原文

孙子曰：地形有通者[1]，有挂者[2]，有支者，有隘者，有险者，有远者。我可以往，彼可以来，曰通。通形者，先居高阳，利粮道[3]，以战则利[4]。

注释

1.**地形有通者**：地形，地理形状、山川形势。通，通达。

2.**挂者**：悬挂、牵碍。

3.**利粮道**：利，此处作动词。指保持粮道畅通。

4.**以战则利**：以，凭借。

译文

孙子说：地形有通形、挂形、支形、隘形、险形、远形六种。我军可以去，敌军也可以来的地域，叫通形。在通形地域，先占领地势高而且向阳，又有利于补给、道路畅通的阵地，就会对作战有利。

解读

孙子认为，地形一般有"通""挂""支""隘""险""远"六类。在"通形"地区的行军方法是：要占据地势高的位置，并且确保军粮等后勤军需供应畅通无阻，这样便可取得战争的胜利。"通形"地区，一般是指交通发达的地带，我们和敌人都可以进入，所以抢占有利位置就显得十分重要。

现代商场的竞争日趋白热化，企业要想在竞争中占据先机，就必须考虑选择恰当的地点与竞争对手较量。这一地点的选择，应该是在竞争对手尚未准备充分，或不太感兴趣的市场盲点。找到了盲点，就等于在"通形"地区占领了向阳的高地。

经典案例：占据有利地势

美国有一家普林斯制造公司，一开始经销各种滑雪用具，但生意一直不好。后来，公司转做网球拍生意，通过市场调查发现，国内暂时还没有一家专门生产大型网球拍的公司。于是在1976年，普林斯制造公司推出了高品质、特大型号的网球拍。这种新颖的网球拍很快就占领了市场；1984年，其市场占有率达到百分之三十。普林斯的成功，主要在于他们运用"先居高阳，利粮道，以战则利"的策略，找到竞争对手尚未占领的市场盲点。

经典战例：荆州的争夺战

起因

三国时期，荆州成了兵家的必争之地，因为荆州连接魏、蜀、吴，交通四通八达，粮产丰富。孙权要一统江南，必取荆州；曹操要跨过长江，实现统一大业，必取荆州；刘备要夺取西州，也必须占领荆州。

狼烟四起

为夺取荆州，魏、蜀、吴绞尽脑汁。赤壁战败后，曹操逃出荆州，为了联合刘备抗曹，孙权只好借荆州给刘备。赤壁胜利是孙、刘两家齐心协力的结果，刘备可以理直气壮地将荆州占为己有。

刘备长时间占领荆州，并以此为根据地，向西取得四川与汉中。蜀国大将关羽把守荆州，孙权一直没有办法要回。后来陆逊采用妙计，不仅夺回荆州，而且杀了关羽。

关羽将大军调离荆州

陆逊发动突袭，一举攻下荆州

挂形者，敌无备，出而胜之

原文

可以往，难以返[1]，曰挂。挂形者，敌无备，出而胜之[2]；敌若有备，出而不胜，难以返，不利。

注 释

1.返：返回。

2.敌无备，出而胜之：备，准备。出，出兵。

译 文

凡是可以前进、难以返回的地区，称作"挂"。在挂形的地域上，如果敌军没有防备，我军就可以出击取胜；假如敌人有防备，我们出击就不能取胜，而且难以回师，对我军就不利了。

解 读

挂形地势最显著的特点就是"易进难退"，在这种地形下发动攻势，如果敌人没有防备，那么我军可以获胜；如果敌军有防备，那么情势就比较复杂，一旦无法战胜敌人，那么就等于没有退路。因此将帅要灵活处理，在敌人没有防备的情况下，我方要出奇制胜；在敌人有防备的情况下，就要果断离开挂形地势，以免造成无谓的伤亡。

这个道理同样适用于现代商战。选择适合的市场切入点，对每个企业来说都是至关重要的；但关键在于，必须在竞争对手毫无防备的时候发动进攻，这样就可以抢占先机，打对方一个措手不及；如果企业缺乏判断力，那么后果将不堪设想。

经典案例：通用的敌人

多年以来，美国通用汽车一直以生产中档汽车为主，它的雪佛莱、奥兹莫比尔、凯迪拉克闻名于世，曾轻而易举地击败福特、克莱斯勒和美国汽车公司，有很长一段时间一直主宰着汽车市场；但第二次世界大战后，通用汽车公司遭受到两次强有力的冲击：一次是日本人用诸如丰田、本田等价格低廉的小型汽车一举打入美国市场；另一次是德国人的宾士和BMW以其高昂的价格、豪华的设计顺利进入市场。日本人和德国人的成功，正是因为他们绕过通用的防线，在通用没有防备的地方施展袭击。

挂地的特点

易进难退，前方路途
坦荡，但身后的地形
却异常崎岖。

经典战役：崤之战

　　春秋时期，秦穆公即位后，国力强盛，一直想称霸中原，但东边的道路一直被晋国阻挡。周襄王二十四年（公元前628年）秦穆公不听大臣蹇叔的劝阻，执意要越过晋国偷袭郑国。晋襄公得知消息，决心打击秦国。为了不惊动秦军，晋军设伏兵于崤山的险峻之处。秦国派孟明视等人率军攻打郑国，第二年春顺利通过崤山隘道，抵达滑（今河南偃师东南），恰好与贩牛的郑国商人弦高相遇。机警的弦高断定秦军要偷袭郑国，所以一面冒充郑国使者犒劳秦军，一面派人回国通风报信。孟明视以为郑国有了防备，所以选择了退军。紧接着，晋国命令先轸率军赶至崤山，并联络当地的姜戎军队埋伏于隘道两侧。秦军重返崤山时疏于戒备，结果身陷隘道，进退不能，最后被全部歼灭。

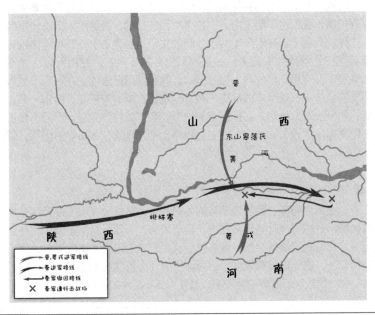

将之至任，不可不察也

原文

　　我出而不利，彼出而不利[1]，曰支。支形者，敌虽利我[2]，我无出也，引而去之[3]，令敌半出而击之[4]，利。隘形者，我先居之，必盈之以待敌；若敌先居之，盈而勿从，不盈而从之。险形者，我先居之，必居高阳以待敌；若敌先居之，引而去之，勿从也。远形者，势均，难以挑战，战而不利。凡此六者，地之道也；将之至任，不可不察也。

注　释

1. **彼出而不利**：敌人出击也同样不会得到多大好处。
2. **敌虽利我**：敌虽以利相诱。利，利诱。
3. **引而去之**：引，带领。去，离开、离去。
4. **令敌半出而击之**：令，使。击，反击、攻打。

译　文

　　凡是敌我两军出击均不利的地段，就叫作"支"。在"支形"的地域上，敌人虽然以利相诱，我们也不要出击，应该率军假装退却，诱使敌人出击一半时再回师反击，这样就有利了。在隘形（两山之间的狭窄山谷地带），我军应该抢先占领，并用重兵把守，等待敌军到来；如果敌军先占领了狭谷，并用重兵，就不可以进攻；如果敌军没有用充足的兵力把守隘口，我军就可以进攻。在险形（地势险峻、行动不便的地带），我军应该抢先占领，一定要占据地势较高、向阳一面，等待敌军来犯；如果敌军先到达，占据了有利地形，我军就应该撤退，千万不要进攻。在远形（距离遥远之地），敌我双方实力相当，不宜挑战，如果勉强出战，就会对我军不利。

解　读

　　支形、隘形、险形、远形等地势的共同特点，就是敌我双方都无法在地形上取得绝对优势。此刻将领就要异常谨慎，看清局势，不要轻易出击。在这种势均力敌的情况下，我方想要取得胜利，就要善于利用敌方的弱点，诱敌深入，使敌人处于不利的情况下，进而取得辉煌战果。总而言之，面对这些地形，对敌策略可总结为"慎战"和"诱敌"，既要谨慎行事，又要出其不意地打击敌人。

　　"支形"对于现代商场而言，多指市场需求量相对较小，被大多数商家忽视的偏远市场。这一类市场看起来无足轻重、无利可图；其实，假如可以好好把握商机，别出心裁，同样能获得丰厚的回报。

经典案例：剑走偏锋

美国的《商业周刊》、《福布斯》和《幸福》等杂志，都是实力强大、全国发行的期刊，但在20世纪70年代，美国地域性的商业市场长期被人们忽视。1978年，克雷恩通信社创立了《芝加哥商业周刊》，该周刊花了三年时间，全力打入黑人读者群。如今，克雷恩在芝加哥拥有数万家订户，续订率高达百分之七十五。虽然这一发行量与《商业周刊》的发行量相比不算什么，但单就芝加哥地区来说，《芝加哥商业周刊》远胜《商业周刊》。

经典战例："沙漠之狐"的失败

 隆美尔 VS 蒙哥马利

埃尔温·隆美尔（1891年11月15日～1944年10月14日），纳粹德国陆军元帅、军事家。由于在第二次世界大战的北非战场中，军事行动迅速、风格果断，能以寡胜多，所以被称为"沙漠之狐"。

伯纳德·劳·蒙哥马利（1887年11月17日～1976年3月24日），英国陆军元帅，第二次世界大战中著名的军事指挥官。曾和劲敌隆美尔多次交手。

1942年8月15日，英军任命蒙哥马利为将军。蒙哥马利利用隆美尔急于速战的特点，制造假情报诱敌上钩。隆美尔不听劝阻，不知不觉中了圈套，陷入英军精心设置的地雷区。双方最后会战的地点拉吉尔地区，正是"我出而不利，彼出而不利"的"支形"地势。在这种地形上，就算敌人利诱我方出战，也不能贸然行动；但隆美尔忽略地理因素，使自己的部队一开始就进攻，进而陷入困境，付出了惨重代价。德军伤亡四千八百余人，损失了七十多枚火炮和五十余辆坦克。这是英军自第二次世界大战开战以来，第一次赢得对德作战的胜利。

此六者，败之道也

原文

故兵有走者[1]，有弛者，有陷[2]者，有崩者，有乱者，有北者。凡此六者，非天地之灾，将之过也。夫势均，以一击十，曰走；卒强吏弱，曰弛；吏强卒弱，曰陷；大吏[3]怒而不服，遇敌怼[4]而自战，将不知其能，曰崩；将弱不严，教道不明，吏卒无常[5]，陈兵纵横，曰乱；将不能料敌，以少合众，以弱击强，兵无选锋，曰北。凡此六者，败之道也，将之至任，不可不察也。

注 释

1.走：跑、奔，这里指军队败逃。

2.陷：陷没。

3.大吏：指偏将。

4.怼：怨恨，心怀不满。

5.无常：指没有法纪、常规，军中上下关系处于失常状态。

译 文

军队打败仗有"走""弛""陷""崩""乱""北"六种情形。这六种情况的发生，不是天时地利等自然条件造成的，而是将帅的失误所致。在势均力敌的情况下，以一击十导致失败的，叫作"走"；士卒强悍，却因将帅懦弱而造成败北的，叫作"弛"；将帅强悍，却因士卒懦弱而遭致溃败的，叫作"陷"；偏将急躁而不服从指挥，遇到敌人擅自出战，主将又不了解他们的能力，因而导致失败的，叫作"崩"；将帅懦弱缺乏威严，训练教育没有章法，官兵关系紧张，列兵布阵杂乱无章，因此而致败的，叫作"乱"；将帅不能正确判断敌情，以少击多，以弱击强，作战又没有精锐先锋部队，因而失败的，叫作"北"。以上六种情况，均是导致失败的原因，这是将帅责任之所在，是不可不认真研究的。

解 读

在这里，孙子全面分析将帅统兵导致军队失利的六种情况：以弱战强，兵强将弱，将强兵弱，军令不行，秩序混乱，判断失误、以少击多。虽然胜败乃兵家常事，但这六种失败均是人为造成的，主要责任在于将领。在战场上，明智的将帅一定要善于借前车之鉴，并认真分析敌情，才不会导致不必要的失败。

在商战中，企业的成功往往取决于经营者的远见和明智的决策。经营者的职责在于激励和引导下属，把员工的个人需要与企业利益紧密地结合起来，并分析竞争对手的情况，判断市场动向，以便抓住商业机会，制定正确的战略措施，实施有效的策略。

经典战例："以寡击众"的失败

东汉建武11年（35年），东汉军队讨伐蜀国，势不可当，但当部队逼近成都时，汉军主将岑彭被蜀王公孙述派人刺杀。汉光武刘秀得知这个消息之后，告诫武将吴汉："成都有十万人马，不能轻易前进，此时要坚守，等待破敌的时机。"随后，吴汉率兵两万，副将刘尚率一万余人，分兵到达锦江，准备攻打成都。这时刘秀下诏说："汉军所处位置不利，兵力又没有敌军多，而且分开驻扎，无法相互援助，万一被敌军分别包围，那么必定失败。"结果诏书还未送达，公孙述已派十万大军包围吴汉，又分派一部分人马牵制刘尚。结果吴汉被包围，以一攻十，最终惨败。

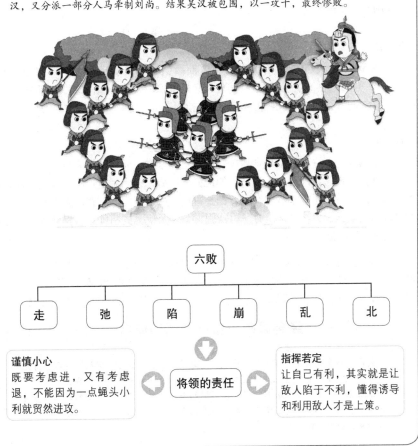

六败

| 走 | 弛 | 陷 | 崩 | 乱 | 北 |

谨慎小心
既要考虑进，又有考虑退，不能因为一点蝇头小利就贸然进攻。

将领的责任

指挥若定
让自己有利，其实就是让敌人陷于不利，懂得诱导和利用敌人才是上策。

地形者，兵之助也

原文

夫地形者，兵之助也[1]。料敌制胜，计险阨、远近[2]，上将[3]之道也。知此而用战[4]者，必胜；不知此而用战者，必败。

注 释

1.**夫地形者，兵之助也**：助，辅助、辅佐。

2.**计险阨、远近**：指考察地形的险要，计算道路的远近。

3.**上将**：贤能、高明之将。

4.**用战**：指挥作战。

译 文

地形是用兵打仗的辅助条件，正确判断敌情、积极掌握主动权、考察地形险要、计算道路远近，这些都是智慧的将领必须掌握的要点。懂得这些道理去指挥作战的，必定能够胜利；不了解这些道理而去指挥作战，则必定失败。

解 读

孙子认为地形、环境是决定战争胜负的重要因素。而将帅作为战斗的指挥者，首先必须详细地考察地形、了解地形的优势和劣势，进而制定正确的作战方针。运用地形的诀窍就在于变不利为有利，扬长避短。如果能因地制宜，活用地形，那么就可以以弱击强、以少胜多。孙子再次强调，一个优秀的将帅想取得胜利，就必须了解这样的作战原则。

放眼现代商场，其实地理位置的优劣对企业发展同样重要，选择好的地理位置，通常是商业经营制胜的基本条件之一。很多企业在制定发展战略时，往往会重点考虑销售地点是否方便顾客购物。一个好的商业口岸，有时决定了生意的成败。

经典案例：雷克公司的成功

美国的雷克公司是一家专门生产汽车椅套的公司，成立于"二战"以后。雷克公司非常重视零售地点的选址，他们首先会评估各个地区的利润潜量，再决定应设立多少个零售点。正由于雷克公司以科学、谨慎的态度选择销售点，他们的产品销售量才一直保持佳绩。1958年时，雷克公司在全美已有一百五十家中介商，在六十个不同的城市经营，公司业绩稳步上升。

经典战例：马援巧用地形

马援（公元前14年～49年），字文渊，扶风茂陵（今陕西兴平东北）人，东汉著名的军事家。汉光武帝时，由于功勋卓着，拜为伏波将军，世称"马伏波"。

东汉初年，塞外的羌人经常入侵汉朝边界。汉光武帝刘秀派大将马援任陇西太守，平定羌人。羌人听说马援到来，就用很多树木堵塞了道路，企图凭借地形的优势顽抗到底。马援对陇西的地形十分了解，他一面派部分士兵在正面佯攻，拖住羌人的主力部队；一面亲率主力部队巧妙地利用山谷中的小道，悄悄地绕到羌人的大本营后方，然后发起突袭，大败羌人。

失败的羌人撤退后，凭借山高地险，与马援对峙。马援并不急于进攻，而是在山下安营下寨。到了晚上，马援带领精兵，神不知鬼不觉地绕过了山隘，放火烧了羌人的营寨。此时，山下的汉军开始擂鼓。羌人顿时乱作一团，被马援杀得溃不成军。

不久，羌人又集结人马，再次侵入武都（今甘肃成县西）。羌人凭借有利地势与汉军对持，坚守不出。马援在详细勘察了地形后，发现羌人水源不足。于是，他指挥部队夺取羌人的几个水源，断绝了羌人的水和粮草，没过多久，羌人不战而败，逃回塞外。马援则顺利平定了陇西。

进不求名，退不避罪

原文

故战道必胜，主曰无战，必战可也；战道不胜，主曰必战，无战可也。故进不求名，退不避罪，惟民是保[1]，而利合于主[2]，国之宝也[3]。

注 释

1.**惟民是保**：人，百姓、民众。保，保全。

2.**利合于主**：指符合、满足国君的利益。

3.**国之宝也**：即国家的宝贵财富。

译 文

所以，按战争规律分析，肯定会取得胜利的战争，即使国君说不要打，也可以坚持去打；按战争规律分析，必然失败的战争，即使国君说一定要打，也可以不打。进不谋求战胜的名声，退不回避违命的罪责，只是想着保全百姓，举止间皆符合国君利益，这样的将帅，是国家的宝贵财富。

解 读

孙子强调了作战的又一重要原则——进不求名，退不避罪。一个将帅在判断是否该打仗时，不能完全听从国君的命令，而是要从实际情况出发。

虽然军队要绝对服从命令，但也应坚持从实际出发、审时度势，因为打仗的最终目的是为了夺取胜利，保全人民的生命，维护国家利益。如果为了功名利禄而打仗，或者怕打败仗而承担责任，那么只能以失败告终。

优秀的管理人才就像出类拔萃的将帅一样，是企业最宝贵的财富，正是由于他们的智慧和努力，才使企业的发展得以蒸蒸日上。有时候，光靠一个人的力量就可以使一个濒临倒闭的企业起死回生，也可以使一个规模不大的小公司发展成规模巨大的跨国企业。

经典案例：力挽狂澜的人才

1983年，美国的文化娱乐王国——迪士尼，一度陷入财务危机，面临被人收购的窘境。此时，公司聘请了娱乐界的奇才迈克尔·艾斯纳出任董事会主席。迈克尔一上任，就采取一系列措施，很快就使公司摆脱了财务危机。仅仅五年的时间，迪士尼摇身一变，发展成规模巨大的电影公司，成为美国企业界的佳话。而迈克尔的秘诀其实很简单：我只考虑现在人们想要什么。

为何而战？

很多久经沙场的将领，见惯了血腥的厮杀，都会问这样一个问题：我们究竟为何而战？

有时战争没有正义和邪恶之分，但作为一个将领，必须明确自己的职责：我的使命就是战胜敌人，维护自己的国家、人民的利益。而作为一个企业的管理人才，同样需要问自己：我执行这个命令到底是为了谁？

不同的思维、不同的立场，导致不同的结果。

审时度势之人
如果执行这个命令，那么我们就不能不取胜，所以即便我受到严厉的惩罚也要做正确的事。

 结果

成为优秀的人才，有更广阔的发展前景。

一味从命之人
既然是命令，那就执行吧！有什么好担心的，反正我又不承担责任。

 结果

人云亦云，没有独到的认知和看法，注定碌碌无为，或者屡战屡败。

视卒如婴儿，故可与之赴深溪

原文

视[1]卒如婴儿，故可与之赴深溪[2]。视卒如爱子，故可与之俱死。厚而不能使，爱而不能令[3]，乱而不能治[4]，譬若骄子，不可用也。

注 释

1.视：看待、对待的意思。
2.深溪：溪，山涧河沟。深溪，很深的溪涧，这里喻危险地带。
3.厚而不能使，爱而不能令：厚，厚养、厚待。令，使令、教育。
4.治：治理，这里有惩处之意。

译 文

对待士卒就像对待婴儿一样，那么士卒就可以与他共患难；对待士卒就像对待爱子一样，那么士卒就可以和他同生共死。如果厚待士卒而不能使用，溺爱而不能教育，违法而不能惩治，那就如同娇惯子女一样，是不可以用来和敌人作战的。

解 读

这是孙子关于"亲兵"和"治兵"的重要原则与看法。一方面，孙子认为对待士兵要仁爱，要把士兵当成自己的爱子一样，这样士兵才会感觉到温暖，才可能与将帅同甘共苦；然而，另一方面，将帅不能将仁爱变为溺爱，一味放纵士兵，这样军队就会恃宠而骄，也会在很短的时间内，就失去原有的战斗力及对将帅的尊敬与服从之心。

因此，将帅在仁爱的同时，也不能缺乏严厉的态度，他们必须从严治军、赏罚分明，这样才能让军队上下同仇敌忾，进而提高军队的战斗力。使用这种刚柔并济的方法，可以打造出一支英勇、忠诚的威武之师。

每一位成功的企业家都懂得利用感情投资来打动员工的心，使他们为企业真心卖命。我们可以发现，成功的企业通常都会再三强调"人性化管理"，其目的就在于给予员工亲切感，使他们发挥更强的主动性、挖掘自己更大的潜力。同时，建立严格的企业制度也是不可或缺的。

经典案例：索尼的"视卒如爱子"

日本的索尼公司有一个传统，主管对待员工，就像对待自己的家人一样。在公司内部，白领和蓝领之间几乎没有差别，只要工作出色，都会受到重视。同时，公司也把员工看作企业的核心，时时刻刻为员工着想，管理阶层会关心每一个员工的利益。正因为如此，公司员工都视公司为家，进而更加努力的工作。这种家庭式的感情，不仅培养了员工对企业的忠诚意识，还促进了公司的发展。

爱兵如子的将领

岳飞

岳飞（1103年~1142年），字鹏举，相州汤阴（今属河南）人。南宋军事家，中国历史上著名的民族英雄、抗金名将。

岳飞爱护士卒，把将士视为兄弟骨肉，老百姓犒劳部队的酒肉，他总是平分给大家，有时酒的数量太少，他宁可叫人掺水进去，也一定要每人都喝上一口。如果军队要远征，那么岳飞就会派自己的妻子去慰问将士的家属。将士有病，他亲自调药。将士战死，他负责安排养育他们的遗孤。但同时，岳飞治军又非常严格，赏罚分明，因此部属都非常拥戴他。岳家军对群众秋毫不犯，做到"冻死不拆屋，饿死不掳掠"。只要岳家军经过，百姓就会夹道欢迎，连当时强悍的金军也不得不感叹："撼山易，撼岳家军难"。

吴起

吴起（公元前440年~公元前381年）战国初期著名的政治改革家，卓越的军事家、统帅、军事理论家、军事改革家，著有《吴子》。后世把他和孙子连称"孙吴"，《吴子》与《孙子》又合称《孙吴兵法》，在中国古代军事典籍中占有重要地位。

有一年，吴起统率魏军进攻中山国。魏军中有一个年轻士兵身上长了毒疮，痛得满地打滚。吴起看到这个情形，心里非常难过。他听人说，如果不把毒疮里的脓血排出来，就无法治愈。当时的医疗水准比较落后，而且行军打仗，各方面条件都很差，要想排出脓血，只能用嘴巴去吮吸。为了解除士兵的痛苦，吴起不顾毒疮又脏又臭，亲自用嘴巴吮吸毒疮。最后，这位年轻士兵终于得救，而吴起为士兵吮吸毒疮的事，也在军中传为佳话，士兵们都对吴起更加敬佩。

知天知地，胜乃不穷

原文

　　知吾卒之可以击，而不知敌之不可击，胜之半也；知敌之可击，而不知吾卒之不可以击，胜之半也；知吾卒之可以击，而不知地形之不可以战，胜之半也。故知兵者[1]，动而不迷[2]，举而不穷[3]，故曰：知彼知己，胜乃不殆；知天知地，胜乃不穷[4]。

注　释

1.知兵者：通晓用兵打仗之道的人。

2.迷：迷惑、困惑。

3.举而不穷：举，行动。穷，困窘、困厄的意思。

4.胜乃不穷：指胜利不会有穷尽。

译　文

　　只了解自己的部队可以作战，而不了解敌人不可与之对战，取胜的可能性只有一半；只了解敌人可以打，而不了解自己的部队不可以进攻，取胜的可能性也只有一半；既知道敌人可以打，也知道自己的部队能够出击，但是不了解地形不利于作战，取胜的可能性仍只有一半。所以，懂得用兵的人，行动起来不会迷惑，他的作战方法变化无穷。所以说，了解对方、了解自己，取胜就不会出差错；懂得天时，懂得地利，胜利也就永无穷尽了。

解　读

　　孙子列举了判断取胜可能性的方法，对于敌、我双方的力量和地理环境，如果只考虑某一方面，那么取胜的可能都只有一半。只有全面了解了这三个因素，才能取得全面胜利。孙子十分强调天时、地利的重要性，战争不仅是兵力和战术的较量，而且受到气候、地形等自然条件的影响；因此孙子把"天""地"都纳入战争的制胜要素。将帅不仅要"知彼知己"，还要"知地知天"，只有灵活运用自然条件，才能稳扎稳打。因此，无论是古代战争还是现代战争，都非常重视气候和地理环境的因素。

　　企业想要在激烈的市场竞争占有一席之地，如果只了解自身的情况，但不知道消费者的喜好、不掌握市场动态，或者只了解市场需求，而不根据自身的特点制定战略，都有可能导致重大损失。只有对自身的情况和消费者的喜好有深入的了解，同时对市场环境做详细的分析，才可能把握商机，立于不败之地。

经典战例：李嗣源智救幽州

（李嗣源）

李嗣源（867年～933年），唐沙陀部人，本名邈佶烈，为李克用养子，改名李嗣源。即帝位后又更名李亶，是为后唐明宗。在位时政绩突出，被称为五代名君。

起因

契丹族的首领耶律阿保机，带领三十万大军包围了幽州（今北京市西南）。幽州是后唐的军事重镇，因此，李存勖派大将李嗣源带领七万人前去增援。

知彼知己

李嗣源得知契丹军的情况后，说："敌人基本上是骑兵，人数众多，而且没有辎重，不会担心补给；我军多是步兵，没有兵力优势，粮草运输是个大问题。敌人只需要抢走我们的粮草，我军就会不战自退。"根据这种情况，李嗣源放弃直奔幽州的打算，越过大房岭（今河北房山县西北）向东进发。

知天知地

李嗣源带领大军穿过山涧，到达大平原。这里失去山地的保护，很容易遭受骑兵的攻击，于是李嗣源让士兵砍伐树枝，每人拿一根，每当遭到契丹骑兵攻击时，就用树枝做成简易栅栏。契丹骑兵无法靠近，李嗣源就命令弓箭手放箭，契丹骑兵死伤惨重。在逼近幽州时，李嗣源又让士兵拖着树枝前进，契丹兵看着前方的滚滚沙尘，以为对手人多势众，不禁害怕起来。最后李嗣源发动总攻，丧失斗志的契丹兵被打得丢盔弃甲，最后狼狈而逃。

第11章

九地篇

　　本章主要讲述了军队在九种不同的地域作战时的用兵法则，强调要善于利用敌人的心理，在不同的地域采用相应的作战策略。孙子在本篇提出的"兵之情主速，趁人之不及。由不虞之道，攻其所不戒也""并敌一向，千里杀将"等作战原则，一直为古今中外的军事家所推崇。

衢地则合交

原文

孙子曰：用兵之法，有散地，有轻地，有争地，有交地，有衢地，有重地，有圮地，有围地，有死地。诸侯自战地者，为散地。入人之地而不深者，为轻地[1]。我得则利，彼得亦利者，为争地[2]。我可以往，彼可以来者，为交地[3]。诸侯之地三属，先至而得天下之众者，为衢地[4]。入人之地深，背城邑多者，为重地[5]；山林、险阻、沮泽，凡难行之道者，为圮地[6]。所由入者隘，所从归者迂，彼寡可以击吾之众者，为围地[7]。疾战则存，不疾战则亡者，为死地。是故散地则无战，轻地则无止[8]，争地则无攻，交地则无绝，衢地则合交，重地则掠，圮地则行，围地则谋，死地则战。

注释

1. **入人之地而不深者，为轻地**：进入敌地不深，官兵易于返回之地称"轻地"。
2. **争地**：我军占领有利、敌军占领也有利的地区。
3. **交地**：指道路纵横、地势平坦、交通便利的地区。交，纵横交叉。
4. **先至而得天下之众者，为衢地**：谁先到达就可以得到四周诸侯的援助，这样的地方叫做"衢地"。
5. **入人之地深，背城邑多者，为重地**：进入敌境已远，隔着很多敌国城邑的地区，叫作"重地"。
6. **行山林、险阻、沮泽，凡难行之道者，为圮地**：凡是山林、险要隘路、水网湖沼这类难行的地区，叫作"圮地"。
7. **围地**：道路狭隘、退路迂远，敌人能以少击众的地区。
8. **无止**：止，停留、逗留。无止，即不宜停留。

译文

孙子说：按照用兵的法则，战场可分为散地、轻地、争地、交地、衢地、重地、圮地、围地、死地九种。在本国境内作战的地区，叫作散地；进入敌国境内作战，但没有深入的地区，叫作轻地；我方占领对我军有利、敌方占领对敌人有利的战场，叫作争地；我可以前往，敌军也可以来的战场，叫作交地；同时与几个国家接壤，谁先占有谁就可以先与各国结交，得到援助的地区，叫作衢地；深入到敌国腹地，背后有许多敌国城池的地区，叫作重地；山岭、森林、险阻、沼泽，以及一切很难通行的地区，叫作圮地；进入的道路狭窄、退路遥远，敌军用少数兵力就可以袭击我国大部队的地区，叫作围地；奋力拼杀就可能生存，否则就可能全军覆灭的地区，叫作死地。因此，处于散地就不宜作战，处于轻地就不宜停留，遇上争地就不要勉强进攻，遇上交地就不要断绝联络，进入衢地就应该结交诸侯，深入重地就要抢掠粮草，碰到圮地就必须迅速通过，陷入围地就要设谋脱险，处于死地就要力战求生。

解 读

孙子根据地理位置对作战的影响，把战地分为九大类，并提出处于不同地区的作战原则及违背原则的补救方法。将帅必须掌握每一种地形的特点，然后采用相应的策略。这其中，"衢地则合交"更能反映"因地制宜"的灵活性。孙子说处于与别国接壤的地界，就要最大限度地争取盟友，壮大我方的势力，切忌到处树敌。有了良好的国际环境，在进攻时不但可以得到援助，且没有后顾之忧。

在商战中，联合盟友以增强实力同样具有相当的影响力。通过合并或吸收其他行业的企业，可以获得长期而稳定的发展，并有助于利用外来的力量，开发有市场潜力的产品，这对于企业的发展具有积极的推动作用。

经典战例：美国的"衢地则合交"之策

波斯湾战争

波斯湾战争是指1990年8月2日至1991年2月28日，以美国为首的由34个国家组成的多国部队和伊拉克之间发生的一场局部战争。1990年8月2日，伊拉克军队入侵科威特，推翻科威特政府，并宣布吞并科威特。以美国为首的多国部队在取得联合国授权后，于1991年1月16日开始对科威特和伊拉克境内的伊拉克军队发动军事进攻。多国部队以较小的代价取得决定性胜利，重创伊拉克军队。伊拉克最终接受联合国660号决议，并从科威特撤军。

合于利而动，不合于利而止

原文

所谓古之善用兵者，能使敌人前后不相及，众寡不相恃[1]，贵贱不相救[2]，上下不相收[3]，卒离而不集[4]，兵合而不齐。合于利而动，不合于利而止[5]。敢问：敌众整而将来，待之若何？曰：先夺其所爱，则听矣。

注 释

1. 众寡不相恃：众，指大部队。寡，指小分队。恃，依靠。
2. 贵贱不相救：贵，军官。贱，士卒。
3. 收：聚集、联系。
4. 卒离而不集：离，分散。集，集中。
5. 合于利而动，不合于利而止：合，符合。动，作战。止，不战。

译 文

从前善于用兵打仗的人，能够使敌人前后部队不能相互策应，主力部队和小部队之间无法相互依靠，官兵之间不能相互救援，上下隔断无法聚集，士卒溃散就再难走到一起，集合起来的部队阵形也不整齐。总之，有利于我方就作战，不利于我方就不战。请问："假如敌人众多而且阵容齐整，向我发起进攻，该怎样对付呢？"回答是："抢先夺取敌人最重要、最关键的有利地方和东西，敌人就不得不听从我的摆布了。"

解 读

在这里，孙子提出了"合于利而动，不合于利而止"的重要作战原则。一个优秀的将帅，应该选择对自己有利的时机而发动进攻，不仅要采用各种计谋使敌人力量分散，处于支离破碎的状态，而且要审时度势，根据战争的形势，进退自如、攻守兼备，总的原则就是要让战争形势有利于我方。假如面对有备而来的敌人，同样是以不变应万变，将敌人的优势变为劣势，就可以主导战势的发展。

同理，"合于利而动"也可应用于企业的经营。企业发展的目的就是追求利润。企业在运作过程中，想要利润最大化，就需要尽可能地降低成本，生产出符合市场需求的产品，以争取更大的市场。总之，企业运作始终要坚持"有利可图，无利不图"的原则。

经典战例：陆逊撤兵

　　魏青龙二年（234年），东吴陆逊率大军攻打合肥。当时正值酷暑，很多士兵病倒，陆逊打算撤退，却丝毫不露声色，仍然让军队在营外种豆菽，自己和将领们在辕门外射箭取乐，同时让诸葛瑾整顿船只、虚张声势，做出要向襄阳进发的态势。这一举动让魏军捉摸不透，而东吴则趁此机会分三路大军顺利撤退。事后，魏国国君曹睿感叹说："陆逊用兵，不亚孙吴。"可见陆逊深知"合于利而动，不合于利而止"的道理。

合于利而动

只要看准了时机，发动进攻就不要迟疑。而进攻的目的是尽可能地瓦解敌人的优势兵力，使他们首尾不能相顾。

不合于利而止

如果进攻不利于我方，就不要轻举妄动，抑或防御，抑或根据情况果断撤退，以保存我军的战斗力。

经典案例：飞来横财

　　1973年，萨伊发生内乱。日本三菱公司经过分析认为，与萨伊交界的世界重要铜产地尚比亚有可能受到影响。不久，萨伊叛军向尚比亚移动。三菱公司认为叛军如果切断交通，那么就会影响尚比亚铜矿的输出，进而影响世界市场的铜价。在冷静分析局势之后，三菱公司果断作出决策，趁叛军尚未切断交通之际，以低价大量收购市场上的铜。后来叛军果然切断了交通，导致世界铜价大涨，三菱趁机抛售，大赚了一笔。三菱的成功，就在看到了机会，"合于利而动"。

兵之情主速，趁人之不及

原文

兵之情主速[1]，趁人之不及，由不虞之道[2]，攻其所不戒也。

注 释

1.**兵之情主速**：情，情理。主，重在、要在。速，迅速、疾速。
2.**由不虞之道**：由，经过、通过。不虞，不曾料想、意料到。

译 文

用兵之理贵在神速，趁敌人措手不及的时候，走敌人意料不到的道路，攻击敌人没有戒备的地方。

解 读

"贵在神速"是孙子反复强调的作战原则，俗话说，时间就是生命，只有争取时间、抓住战机，才能速战速决、歼敌制胜。用兵作战，贵在迅雷不及掩耳，使敌猝不及防。我军出其不意、攻其不备，就能速战速决、一举获胜。因此，孙子一向主张用兵神速，行动要快，行军、攻击都使敌人无法意料，来不及防范。如果不能以速度取胜，那么就很可能被敌人抓住机会，从而处于被动挨打的地位。

对企业来说，时间就是金钱，效率就是生命。面对风云变幻的市场，企业的经营者必须具备敏锐的洞察力和果断的决策力，抓住商机、趁人之不及，尽快将试销成功的新产品投入市场，以保障企业在竞争中夺得优势，否则将因贻误商机而导致失败。

经典案例：抢夺先机的SONY

日本的SONY公司深知"兵之情主速"的道理，有一次，SONY公司在日本发现了一台美国答录机，便立即买下专利，迅速生产出日本第一批答录机并投入市场，结果非常畅销。1952年，SONY公司听说美国成功研制出"电晶体"的消息后，立即派人前往美国考察，并买下专利。考察人员回国几周后，日本的第一批电晶体就问市了，而且大受欢迎。这种雷厉风行的作风，正是SONY成功的主要原因。跑在对手前面，就能夺得先机。

经典战例：神速的汉军

韩信

韩信（约公元前228年～公元前196年），西汉开国功臣，初属项羽，后归刘邦。中国历史上伟大的军事家、战略家、统帅和军事理论家。中国军事思想"谋战"派代表人物。

公元前206年，西楚霸王项羽夺得很多土地，决定分封诸王。由于刘邦被打败，所以被封往巴蜀、汉中。这些地方交通极为不便，刘邦心中非常不满，但在向汉中进发时，刘邦下令烧毁沿途的栈道，意思是告诉项羽，他决定留在这里，再也不出去了。四个月后，项羽陷入与齐王田荣的战争，精力有所分散。于是刘邦决定北上，他命令樊哙派一千名士兵去修复栈道，并于一个月完成。雍王章邯认为绵延数百里的栈道，用一年时间都难以修复，所以并不加防范；然而就在明修栈道的时候，韩信暗中发现陈仓有一条小道可通中原，于是让大军从小路日夜赶路，神不知鬼不觉地进至大散关，使章邯成为瓮中之鳖。最后汉军势如破竹，很快就平定了三秦。这就是"明修栈道，暗度陈仓"的故事。

明修栈道	暗度陈仓
用一年的时间也修不好的栈道，怎么可能一个月完成？这就是利用敌人的大意而制造的假象。明里是对我方不利，实则另有所图。	汉军的速度是计谋成功的关键，虽然表面上麻痹了章邯，但也要很快地绕到关外，以免被敌人察觉。

兵士甚陷则不惧，无所往则固

原文

凡为客[1]之道，深入则专[2]。主人不克；掠于饶野，三军足食；谨养而勿劳[3]，并气积力[4]，运兵计谋，为不可测[5]。投之无所往，死且不北。死焉不得，士人尽力。兵士甚陷则不惧，无所往则固，深入则拘[6]，不得已则斗。是故其兵不修而戒，不求而得，不约而亲[7]，不令而行，禁祥去疑，至死无所之。吾士无余财，非恶货也；无余命，非恶寿也。令发之日，士卒坐者涕沾襟，偃卧者涕交颐，投之无所往者，诸、刿之勇也。

注 释

1.**客**：客军，指离开本国进入敌国的军队。

2.**专**：齐心、专心。

3.**谨养而勿劳**：谨，注意。养，休整。

4.**并气积力**：并，合也，引申为集中、保持。积，积蓄。

5.**测**：推测、判断。

6.**拘**：拘束、束缚，这里指凝聚。

7.**不约而亲**：约，约束。亲，团结。

译 文

进入敌境的客军，作战的一般规律是：深入腹地，将士们就会意志专一，敌人不能战胜我军；在物产丰富的敌境内夺取粮草，全军的粮食就够了；注意休整，让军队不过于疲劳，激发士气，保存力量；善于部署，巧用计谋，使敌人无法猜测我军的意图。把部队投入无路可走的绝境，士兵就会宁死不屈。士兵连死都不怕，那么必然拼尽全力与敌人作战。士兵陷于绝境，反而会无所畏惧；无路可走，军心反而能稳定；越是深入敌境，部队的凝聚力就越强；在被逼无奈的情况下，将士们就会殊死搏斗。正因为这样，军队不需要严加管理就会自觉加强戒备，不需要下达命令就能完成任务，不需要严格约束便能团结，不需要三令五申就能遵守纪律、禁止迷信、消除疑虑，士兵就能战斗到底而不会临阵脱逃。我军的将士没有多余的钱财，并不是他们不爱财；他们将生死置之度外，并非厌恶长寿。宣布出征的那天，坐着的士卒泪湿了衣襟，躺着的士卒眼泪流满了脸颊。使他们走投无路，他们就会像专诸（春秋吴国勇士，刺死吴王僚）、曹刿（春秋鲁国武士，以匕首挟持齐桓公退还鲁国失地）一样勇敢了。

解 读

在这里，孙子反复强调如何激发士兵的战斗力。军队愈是深入险恶的环境，愈是无路可退，就会更加自觉严明、团结一致，战斗力也会愈强，这样将能取得意想不到的效果。在必要的时候，"绝望"反而是一种强大的武器，它可以让士兵将生死置之度外。一旦消除了恐惧和后顾之忧，那么士兵的战斗力必将被激发出来，军队的战斗力也会大幅提升。

企业在管理员工的时候，也可以以此为借鉴，提升士气，让员工发挥最大的潜力。特别是在企业的经营遇到了困境时，可以通过适当的宣传，将这种氛围传递给员工。员工感受到巨大的压力，将自己和公司的命运相结合，就会发自内心地拼命工作；然而，假如方法不当，那么只会造成士气更为低迷或者人心涣散。

经典战例：迫于无奈的陈胜吴广

秦二世元年（公元前209年）七月，陈胜、吴广等贫苦农民九百余人，从淮河流域被强征去渔阳戍守。当他们行至蕲县大泽乡时，连遇暴雨，道路不通，误了去渔阳的日期，按照秦国法令，戍卒误期要斩首。也就是说，走也是死，不走也是死，于是陈胜、吴广密谋起义。他们揭竿为旗，杀了秦尉，攻城掠地，各地农民纷纷响应，秦王朝的统治受到了极大的威胁。

专诸

曹刿

专诸（公元前？～公元前515年）又作鱄诸，春秋时代吴国堂邑人，屠户出身。长得目深口大，虎背熊腰，英武有力，对母亲非常孝顺，是当地有名的孝子、义士。

曹刿（即曹沫，有争议），生卒年不详，春秋时鲁国大夫。著名的军事理论家。据《春秋左氏传》记载，长勺之战爆发前，曹刿晋见鲁庄公，并带领鲁国军队击败来犯的齐国军队。

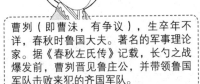

吴公子光（即吴王阖闾）想杀吴王僚自立，伍子胥把专诸推荐给公子光。公元前515年，公子光乘吴国内部空虚，与专诸密谋，以宴请吴王僚为名，藏匕首于鱼腹之中进献，当场刺杀吴王僚，专诸也被吴王僚的侍卫杀死。

齐桓公和鲁庄公订立盟约后，曹刿手拿匕首胁迫齐桓公，桓公的侍卫都不敢轻举妄动，桓公问："您打算做什么？"曹刿回答说："齐国强大，鲁国弱小，而大国侵略鲁国也太过分了。如今鲁国都城一倒塌，就会压到齐国的边境，您要考虑这个问题。"于是齐桓公答应全部归还鲁国被侵占的土地。说完，曹刿扔下匕首，回到自己的位置上，面不改色，谈吐自如。

齐勇若一，政之道也

原文

故善用兵者，譬如率然[1]；率然者，常山[2]之蛇也。击其首则尾至，击其尾则首至，击其中则首尾俱至。敢问：兵可使如率然乎？曰：可。夫吴人与越人相恶也，当其同舟而济，遇风，其相救也，如左右手。是故方马埋轮，未足恃也[3]；齐勇若一，政之道也[4]；刚柔皆得，地之理也。故善用兵者，携手若使一人，不得已也。

注 释

1.**率然**：古代传说中的一种蛇。

2.**常山**：即恒山，五岳中的北岳，位于今山西浑源南。西汉时为避讳汉文帝刘恒的"恒"字，改称"常山"。

3.**方马埋轮，未足恃也**：言将马并排地系缚在一起，将车轮埋起来，想用来稳定部队，以示坚守的决心，是靠不住的。

4.**齐勇若一，政之道也**：齐，齐心协力。政，治理、管理的意思。

译 文

擅长统率军队的人，能使部队像恒山的灵蛇"率然"一样。打它的头，它的尾巴就会来救应；打它的尾巴，头就会来救应；打它的腰，头尾都会来救应。请问：可以让军队也像恒山灵蛇一样吗？回答是：可以。吴国人和越国人本来相互仇恨，但当他们同坐一条船渡河，在遇到风暴时，也会像一个人的左手和右手一样相互救助。所以，想用把马系缚在一起，深埋车轮这种显示死战决心的办法来稳定部队，是靠不住的。要使部队能够齐心协力奋勇作战，关键在于部队管理教育有方；要使优劣条件不同的士卒都能发挥作用，其根本在于恰当地利用地形。所以，善于用兵的人，能使全军将士携起手来像一个人一样，这是他把士兵放在不得不战的境地。

解 读

孙子在这里强调军队的领导艺术。所谓的灵蛇，就是指一支部队，无论部队的哪一方遭到攻击，都会有人来援助。作战其实是两军集体力量的较量，而不是个体之间的争斗。这需要将帅具备驾驭士兵的才能，指挥三军像指挥一个人一样，使各个部队之间能够相互策应、相互配合、互相救援，形成一个有机的整体。

很多大型企业优势明显，例如规模大、资金雄厚、市场开拓能力强，等等，然而弱点是市场适应和应变能力不足。为了分散风险，实施多元化战略，就要借鉴孙子"齐勇若一"的思想。企业在多元化发展过程中，必须注意统一协调，使不同的经营部门成为企业整体优势的一部分，避免因为某一种部门或产品的失策而大伤元气。

如蛇一般敏捷

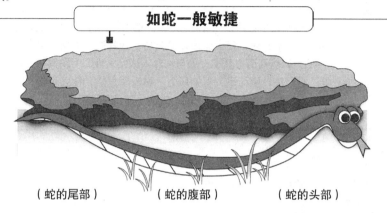

（蛇的尾部） （蛇的腹部） （蛇的头部）

无论哪一部分受到攻击，蛇都可以进行救援。如果部队也是如此，那么即便遭遇敌人的攻击，也可以在短时间内得到支援，摆脱险境。凝聚力强的部队，可以适应千变万化的战场，从而立于不败之地。

经典案例：岳飞的"齐勇若一"

岳飞特别善于治理军队，赏罚分明。他不仅爱护士兵，深得人心，而且军队纪律严明，对百姓秋毫无犯。岳家军在作战中，总是可以互相协助，万众一心，排除万难，奋勇向前。有一次，岳飞驻扎合肥，他派一名骑兵过江去送公文。不巧遇上暴风雨，长江风急浪高，骑兵对渡船人说："被淹死倒没什么，但耽误了大事就糟糕了。"渡船人非常感动，于是在骇浪惊涛中，帮助骑兵渡过了河。正是因为"齐勇若一"，岳飞抗金二十余年，才总是能以少胜多、以弱胜强。

将军之事，静以幽，正以治

原文

将[1]军之事：静以幽[2]，正以治[3]。能愚[4]士卒之耳目，使之无知。易其事，革其谋，使民无识；易其居，迂其途，使民不得虑。帅与之期[5]，如登高而去其梯；帅与之深入诸侯之地，而发其机；若驱群羊，驱而往，驱而来，莫知所之。聚三军之众，投之于险，此将军之事也。九地之变，屈伸之利，人情之理，不可不察。

注　释

1.**将**：动词，主持、指挥的意思。

2.**静以幽**：静，沉着冷静。幽，高深莫测。

3.**正以治**：正，严正、公正。治，治理、有条理。

4.**愚**：蒙蔽、蒙骗。

5.**期**：约定。

译　文

在指挥军队这件事情上，要做到考虑谋略，沉着冷静而幽深莫测，管理部队公正严明而又有条不紊。要能蒙蔽士卒的视听，使他们对于军事行动毫无所知；变更作战部署，改变原定计划，使人无法识破真相；并不时变换驻地，故意迂回前进，使人不能揣测其行动的意图。将帅向部属下达作战任务，要像让他登上高处就抽掉梯子一样，断了后路。将帅与士卒深入敌国作战，要像扣动弩机射出的箭一样一往无前。指挥士兵要像驱赶羊群一样，赶他去就去，赶他来就来，而不让他们知道究竟要到哪里。聚合三军的将士，使他们处于危险的境地，迫使全军拼死奋战，这是将帅统率军队的重要任务。对于九种地形的变化处置，攻防进退的得失利害，以及将士们心理情感的变化规律，将帅们都不能不认真加以研究和考察。

解　读

孙子在这里提出了将帅带兵时的注意事项。首先，将帅要临危不乱，并具有远见卓识，要具备"静、幽、正、治"的素养。将帅沉着冷静，士兵才不会慌乱；赏罚分明，才能深得人心。其次，将帅还要善于利用"登高去梯"之计，在指挥作战时，要善于蒙蔽和使用士兵，断绝他们一切退路和希望，从而与敌人决一死战。

成功的的企业家和军事家一样，需要养成遇事不乱的作风，拥有足够的胆略和灵活的思维。如果一个企业领导人面对危机，立即表现出焦虑，那么势必影响士气。在制定正确的市场战略时，也可以适当地运用"登高去梯"之计，既要给员工希望，又要让他们有足够的压力。否则企业一旦遇到危机，员工就如一盘散沙，危机就会演变为失败。

经典战例：临危不乱退强敌

谢安

谢安（320年~385年）字安石，号东山，东晋政治家、军事家。历任吴兴太守、侍中兼吏部尚书兼中护军、尚书仆射兼领吏部加后将军、扬州刺史兼中书监录尚书事、都督五州、幽州之燕国诸军事兼假节、太保兼都督十五州军事兼卫将军等职。世称谢太傅、谢安石、谢相、谢公。

383年，前秦王苻坚带领九十万大军攻打东晋。东晋上下都惊慌失措，但宰相谢安不慌不忙，推荐侄儿谢石、谢玄率军八万抵抗苻坚。谢石、谢玄问谢安破敌之策，谢安回答说："到时自有安排。"然后就跑出去游玩，晚上才回家。谢安回到府中之后，连夜发布号令，制定计策，部署军队。结果，淝水一战，晋军大破前秦军队。当捷报传来时，谢安正与客人下围棋。客人问他："战况怎么样？"谢安笑了笑说："我的儿孙已经打败敌人了。"于是，后人都评价谢安具有"静以幽、正以治"的大将风度。

淝水之战

东晋太元8年（383年），东晋军队在淝水（今安徽瓦埠湖一带）击败了前秦大军。淝水之战为中国历史上著名的以少胜多的战例。它确定了东晋五胡十六国时期北方长期分裂的格局。

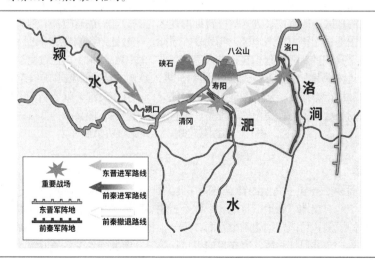

围则御，不得已则斗，过则从

原文 凡为客之道：深则专，浅则散。去国越境而师者，绝地也；四达者，衢地也；入深者，重地也；入浅者，轻地也；背固前隘者，围地也；无所往者，死地也。是故散地，吾将一其志；轻地，吾将使之属；争地，吾将趋其后；交地，吾将谨其守；衢地，吾将固其结；重地，吾将继其食[1]；氾地，吾将进其途[2]；围地，吾将塞其阙[3]；死地，吾将示之以不活[4]。故兵之情：围则御[5]，不得已则斗，过则从[6]。

注 释

1.**继其食**：继，继续，引申为保障、保持。继其食即补充军粮，保障供给。

2.**进其涂**：要迅速通过。涂，通"途"。

3.**塞其阙**：堵塞缺口。意在迫使士兵拼死作战。

4.**示之以不活**：向敌人表示死战的决心。

5.**围则御**：被包围就会奋起抵御。

6.**过则从**：过，甚、绝。指身陷绝境士兵就会听从指挥。

译 文

在敌国境内作战的一般规律是，越深入敌国，将士越专心；进入敌国越浅，军心越涣散。离开本国越过敌境作战的地区，叫绝地；四通八达的地区，叫衢地；深入敌国的地区，叫重地；进入敌境较近的地区，叫轻地；后有险关、前有障碍的地区，叫围地；无路可通的地区，叫死地。因此，在散地，我们要统一部队的意志；在轻地，我们就要使阵营相连；进入争地，要让后续部队跟上；通过交地，要谨慎布防；进入衢地，要巩固与邻国的盟约；进入重地，要确保粮草的供应；经过氾地，要加快行军速度；陷入围地，就要堵住缺口；到了死地，就要表现出与敌人死战到底的决心。因为，将士的心理是，一旦陷入了包围，便会奋力抵抗；在逼不得已的情况下，便会拼死一搏；一旦深陷绝境，士兵就会听从指挥。

解 读

前面孙子提到了九地的特点，而在此则给出了九地的应对之法。针对散地、轻地、争地、交地、衢地、重地、氾地、围地、死地这九种地形，攻守都要谨慎小心。总的说来，可以归纳为四个方面：第一，将帅一定要让部下团结，保证高昂的士气；第二，要保证后援，有充足的粮草；第三，要加强外交，争取盟友；第四，要尽一切可能调动士兵的积极性。只要掌握了这四个原则，那么就能以不变应万变，即便遇到再复杂的地形，也能应对自如。

对于企业来说，"九地"其实代表着多变的市场环境。没有哪一个企业，可以永远立于不败之地，俗话说"三十年河东，三十年河西"。取得了成就，处于领先地位，虽然可以一时傲视群雄，但如果不根据市场需求而改变策略，那么迟早会被人拉下马。

经典案例：蓝色巨人的衰落

20世纪70～80年代，蓝色巨人IBM始终处于行业的霸主地位。但进入90年代，IBM却突然发现，自己已经被微软和英特尔这些专注于某一部分的"新公司"超越。1993年，IBM新上任的CEO郭士纳总结公司衰败的原因，主要由于IBM的战略方向出现重大问题，公司只注重大型电脑的开发，而错过PC的发展机会，放弃了晶片与操作软体的主动权，结果给微软和英特尔大力发展的机会。就这样微软和英特尔趁机将IBM拉下马，成为了新一代的霸主。

九地的对应策略

散地	保持高昂的士气，让士兵同仇敌忾，为了统一的目标而勇往直前。
轻地	让阵营紧紧相连、环环相扣，谨慎防守，以防敌人偷袭。
争地	一定要保持队伍的完整，保证后续部队的跟进，不能给敌人可乘之机。
交地	敌我都可以进退，所以一定要谨慎布防，不能掉以轻心。
衢地	加强外交，争取盟友，消除腹背受敌的后顾之忧，专心对付敌人。
重地	由于深入敌后作战，所以一定要确保粮草运输，保证军需。
圮地	面对复杂地形，一定要快速反应，行军要迅速，不能久留。
围地	为了不被重重包围，一定要堵塞敌人可以偷袭我军的路口。
死地	想尽一切办法提高士兵的战斗力，和敌人决一死战。

并敌一向，千里杀将

原文

是故，不知诸侯之谋者，不能预交；不知山林之险阻、沮泽之形者，不能行军；不用乡导者，不能得地利。四五者，一不知，非霸主之兵。夫霸王之兵，伐大国，则其众不得聚[1]；威加于敌，则其交不得合。是故，不争天下之交，不养[2]天下之权，信己之私[3]，威加于敌，故其城可拔，其国可隳[4]。施无法之赏，悬无政之令，犯三军之众，若使一人。犯之以事，勿告以言[5]；犯之以利，勿告以害。投之亡地然后存，陷之死地然后生。夫众陷于害，然后能为胜败。故为兵之事，在于顺详敌之意，并敌一向，千里杀将，是谓巧能成事者也。

注　释

1.**聚**：聚集、集中。

2.**养**：养，培养、培植。

3.**信己之私**：信，伸、伸展。私，指私志，引申为意图。

4.**隳**：音"灰"，毁坏、摧毁之意。

5.**犯之以事，勿告以言**：犯，用。之，代词，指士卒。事，指作战。言，意图、实情。

译　文

因此，如果不了解诸侯国的目的，就不能先与他们结交；不熟悉山林、险阻、湖沼等地形，就不能行军打仗；不使用当地人做向导，就不能得到地形的优势。这几方面，有一方面的情况不了解，就不能成为争王称霸的军队。真正强大的军队进攻大国，能使敌人的军民来不及聚集；威力施加给敌人，就使他们的盟国不敢与之结交。因此，不必争着与天下诸侯结盟，也不用在别的诸侯国培植自己的势力，只要施展自己的计策，把威力施加在敌人身上，就可以攻取他们的城池、占领他们的国家。施行超越法规的奖赏，颁布打破常规的号令，指挥全军上下就能像指挥一个人一样。向部下布置作战任务，不要向他们讲明意图；只告诉他们有利的条件，不必说明不利因素。把士兵投到最危险的地区，才可能转败为胜；让士兵陷于死地，才能起死回生。全军将士陷于危难之中，才能赢得胜利。所以，指挥战争，要仔细了解敌人的意图，然后集中兵力攻击敌人的要害，便可以千里奔袭，捉拿敌人，俘虏将帅，这就是说，善于用兵能成就大事业。

解读

孙子认为，真正的威武之师，在战争中要先发制人，掌握战争的主动权，一旦起兵，就要打得敌国措手不及，连他们的盟国都不敢援助。集中兵力攻击敌人，是孙子反复强调的作战原则。在战争中，首先要弄清楚敌军真实的战略意图，然后集中兵力攻击敌人，以取得成功。无论攻或防，都要集中力量打击敌人的要害，这历来是兵家的共同主张。只要掌握了这一原则，就可以千里奔袭，打败敌人，俘虏敌人的将帅。

"先发制人"的策略也被很多企业所采用。有实力的公司依靠自己丰富的人力、物力和财力等资源，通过不同的方式，先入为主，掌握主动权，让竞争对手丧失还击之力，例如，许多善用广告的公司，就常常发动宣传攻势，先从声势上压倒对方，为占领和扩大市场铺路。

经典战例：以色列先发制人

1981年6月7日，以色列空军组成突击队，袭击伊拉克的核反应炉。突击队伪装成约旦空军，巧妙地躲过雷达，到达反应炉。反应炉三面都筑有马蹄形土堤，四周有高射炮和地对空导弹阵地，于是一组机群往高处飞，进行空中掩护，另一组则迅速进入轰炸航道。整个袭击仅仅耗时两分钟，使原子反应炉的中心大楼被夷为平地，核反应毁坏。等伊拉克军队反应过来，以军飞机已逃之夭夭。

孙子对速度的要求

《孙子兵法》中，关于速度的问题反复出现，孙子之所以强调快，是因为取得先机，就能夺得绝对优势。

兵贵神速 + 先发制人 + 疾如风 = 势如破竹

践墨随敌，以决战事

原文

是故，政举之日，夷关折符，无通其使[1]；厉于廊庙之上，以诛其事。敌人开阖，必亟入之[2]。先其所爱，微与之期[3]。践墨随敌[4]，以决战事。是故，始如处女，敌人开户，后如脱兔，敌不及拒。

注 释

1.**政举之日，夷关折符，无通其使**：政，指战争行动。举，实施、决定。夷，封锁。折，折断，这里理解为废除。符，通行证。使，使节。

2.**敌人开阖、必亟入之**：阖，门窗，此处比喻敌方的疏漏。亟，急。

3.**微与之期**：微，不。期，约期。

4.**践墨随敌**：践，是遵守、遵循的意思；墨，原则。

译 文

因此，在决定对敌宣战、出征时，要封锁关口，废除通行证件，不许敌国使者来往；召集群臣，在朝廷反复商讨征伐的计策。敌人一旦出现疏漏，就要乘机而入。首先夺取敌人最看重的战略要地，不能轻易与敌人决战。破除陈规，一切根据敌情的变化，灵活地决定自己的作战计划。因此，在战前要像少女那样娴静，不露声色，使敌人放松警惕，门户大开；一旦战争开始，就要像脱逃的兔子一样，行动迅捷，使敌人措手不及。

解 读

孙子强调两国交战时，要遵循以下两个原则：第一，一定不能让敌国的使者进来，必须严防敌人的间谍前来打探消息，尽一切可能保证军情不外泄；第二，要反复商议作战的计划，而且要善于抓住机会，在敌人处于防备的时候，就要迅速发动进攻。

另外，在两军相斗时，不可能完全按照制定好的作战方案、且不折不扣的彻底执行。此时，一定要根据敌情而灵活运用战略战术，要做到"静如处子，动如脱兔"的境界。

在现代商战中，灵活把握市场变化也显得尤为重要。任何计划在执行的过程中，都有可能受具体情况变化的影响。如果一味照本宣科，那么就有可能导致失败，而"静如处子，动如脱兔"则要求企业看准了时机就不要犹豫。

程昱的"静如处子"之计

三国时，魏国的程昱把守鄄城，手下的士兵只有七百人，曹操听说袁绍在黎阳将要南渡，便想再替程昱补充两千名士兵，但程昱不愿接受，他说："袁绍拥有七十万大军，自认为所向无敌，现在他看我的兵这么少，必然不会来攻打我。如果为我补充兵员，袁绍反倒会来进攻。但我即便有两千七百士兵，也不是袁绍的对手。"后来，袁绍果然因为程昱兵少，没有攻打鄄城。曹操对大家说："程昱的胆量，胜过古代勇士孟贲、夏育。"程昱根据袁绍好大喜功的性格，巧妙地采用了不增兵的策略，终于保住了鄄城。

孟贲

战国时大力士。卫国人，与夏育齐名。相传他异常勇武，发怒时气势逼人，没有人敢惹他。

夏育

周朝时的著名勇士，卫国人，据说力大无穷，可以举起千钧。

静如处子

> 这与"不动如山"有异曲同工之妙。不动声色的目的就是让敌人难以发觉我军的真实意图，趁机寻找敌人的弱点。

动如脱兔

> 正如"疾如风"一样，要发动进攻就要以速度取胜，在敌人还没有防备时，打他一个措手不及。

第12章

火攻篇

　　本篇主要论述在战争中实施以火助攻的办法、条件和原则等问题。孙武认为，火攻有火人、火积、火辎、火库、火队五种，即焚烧敌军的营寨、积聚、辎重、府库和运输设施等，重点是摧毁敌人的人力、物力和运输线。火攻方法必须灵活运用，同时，这种策略我军可以掌握，敌军也可以掌握，因此应该注意防备。

凡火攻，必因五火之变而应之

原文

孙子曰：凡火攻有五：一曰火人[1]，二曰火积[2]，三曰火辎，四曰火库，五曰火队[3]。行火必有因，烟火必素具[4]，发火有时，起火有日。时者，天之燥[5]也；日者，月在箕、壁、翼、轸[6]也。凡此四宿者，风起之日也。凡火攻，必因五火之变而应之[7]。

注 释

1.**火人**：火，此处作动词，用火焚烧之意。火人即焚烧敌军人马。

2.**火积**：积，积蓄，指粮草。火积即焚烧粮草。

3.**火队**：队，通"隧"，道路的意思。火队即焚烧道路。

4.**烟火必素具**：素，平昔、经常的意思。具，准备妥当。

5.**燥**：指气候干燥。

6.**箕、壁、翼、轸**：中国古代星宿之名称，是二十八宿中的四个。

7.**必因五火之变而应之**：因，根据、利用。五火，即上述五种火攻的方法。

译 文

孙子说：火攻的方法一般有五种，一是火烧敌军人马，二是火烧敌军储备的粮草，三是火烧敌军辎重，四是火烧敌军仓库，五是火烧敌军的通道与运输设施。实施火攻必须具备一定的条件，火攻的器材必须事先准备就绪。放火要看准天时，起火要选好日子。所谓天时是指气候干燥，所谓日子是指月亮行经"箕""壁""翼""轸"四个星宿位置的时候。凡是月亮经过这四个星宿的时候，就是起风的日子。用火攻，必须根据五种火攻引起的不同变化，灵活机动部署兵力，配合策略而应对。

解 读

孙子列举了五种火攻的方法，发动火攻的目的，不外乎是为了对付敌人的兵马、粮草、辎重、仓库，并破坏交通。另外，孙子还指出发动火攻必须依据的一定条件，这些条件包括易燃的物资、干燥的天气和有利的风向等，无论选择哪种火攻的方式，都必须利用环境创造的客观条件。

"行火必有因，烟火必素具"，也就是说当企业准备在一个新地点拓展新市场时，必须仔细考虑企业内部和外部等多方面的因素。只有在内外条件都成熟时，才能顺利打入市场。企业不仅要善于发现和了解消费者的需求，满足顾客的需要，而且要在产品性能、价格标准、销售地点、促销手段等因素上下工夫。对于不同的情况运用不同的策略，从而顺利达到预期的目标。

经典战例：崔干佑善用火攻

唐天宝十五载（756年）六月八日，大将哥舒翰率军讨伐安史之乱的叛军。安禄山的部将崔干佑只有几千人，他们且战且走，将二十万唐军引诱进了一条死巷子。哥舒翰发现地形不对，知道中了崔干佑的计谋。于是，他乘浮船在黄河中指挥战斗。当时，唯一的出路就是冲破敌军的堵截，他发现崔干佑的兵少，就督促将士奋勇前进，将士们为了活命都争先恐后，结果全乱了方寸。此时忽然起了大风，崔干佑一看时机到了，急忙命令部下将几十辆装满干草的大车点火，顿时烈焰腾空而起，浓烟弥漫，呛得唐军睁不开眼，士兵在慌乱之中互相践踏，造成很多人掉进河里、死伤无数。

为什么要善用火攻

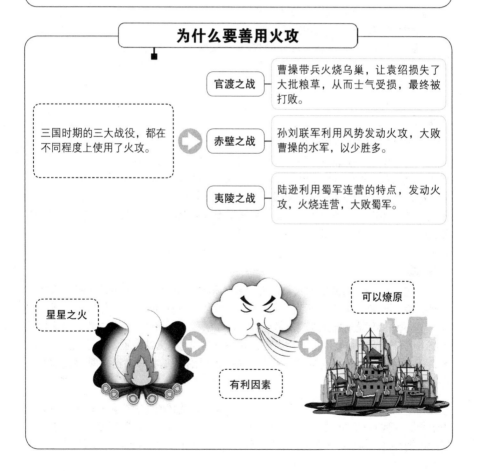

三国时期的三大战役，都在不同程度上使用了火攻。

官渡之战 曹操带兵火烧乌巢，让袁绍损失了大批粮草，从而士气受损，最终被打败。

赤壁之战 孙刘联军利用风势发动火攻，大败曹操的水军，以少胜多。

夷陵之战 陆逊利用蜀军连营的特点，发动火攻，火烧连营，大败蜀军。

星星之火

有利因素

可以燎原

五火之变，以数守之

原文

火发于内，则早应之于外。火发而其兵静者，待而勿攻。极其火力[1]，可从[2]而从之，不可从而止之。火可发于外，无待于内[3]，以时发之[4]。火发上风，无攻下风[5]，昼风久，夜风止。凡军必知五火之变，以数守之[6]。

注 释

1.**极其火力**：让火势烧至最旺之时。极，尽也。

2.**从**：跟从，这里指用兵进攻。

3.**无待于内**：不必等待内应。

4.**以时发之**：根据气候、月象的情况实施火攻。以，根据、依据。

5.**火发上风，无攻下风**：上风，风向的上方；下风，风向的下方。

6.**以数守之**：数，星宿运行度数，此指气象变化的时间。

译 文

如果从敌人营内放火，就要及时用兵在外面策应。火已经烧起来了，敌人仍然保持镇静，就应稍微等待，不要马上发动攻击。等到火势很旺时，还要看情况，可以进攻就进攻，不可以进攻就停止。火可以从外面放，这时就不必等待内应，按时放火就行了。火攻应从上风处发起，不能从下风处进攻敌人。白天风刮得很久，到夜晚风就会停止。凡是领兵打仗都必须懂得五种火攻形式的不同，并根据天时气候变化的规律，等待火攻的时机。

解 读

在这里，孙子强调发动火攻需要注意的事项。火刚烧起来时，如果敌人按兵不动，就不要急于进攻，等到敌人乱作一团再给予致命的打击；如果火势已经很旺，也要根据情况判断该进攻还是该防守，如果不分析敌情，贸然进攻，势必损兵折将。另外，火攻也要懂得利用风势，如果没有找对防火的位置，不但无法歼灭敌人，还有可能让自己的部队遭受损失。在战场上作战的将领，必须掌握火攻的特点，把握发动火攻的时机。

将"知五火之变，以数守之"应用到商战中，就必须要求企业的管理者冷静分析形势，等找到对方的弱点后再采取行动。我们可以将"火攻"理解为商品进入市场的行销策略。何时打入市场，都需要经过详细的考察，否则就可能损及自身。

经典战例：船王的"火攻"

1953年，世界石油总产量为6.5亿吨，沙特阿拉伯就占了四千万吨，而且每年以五千吨到一万吨的速度递增。西方的很多石油企业，都想到沙特阿拉伯，争取石油的开采和运输权。但沙特阿美石油公司与沙特阿拉伯国王早已签订了垄断开采石油的合约，合约上规定石油开采出来后，由阿美石油公司的船队运往世界各地。希腊船王欧纳西斯在得到这份合约的副本后，经过仔细分析，发现上面并未指明沙特阿拉伯不得使用自己的油船队来运输石油。于是，欧纳西斯来到沙特阿拉伯王宫，和国王进行商谈，欧纳西斯建议国王自己买船运石油。几个月后，震惊世界的"吉达协议"诞生了，按协议规定而成立了沙特阿拉伯油船海运有限公司，该公司拥有沙特阿拉伯油田的开采和石油运输垄断权，而公司股东则是沙特阿拉伯国王和欧纳西斯，阿美石油公司因此受到重挫。

火攻的技巧

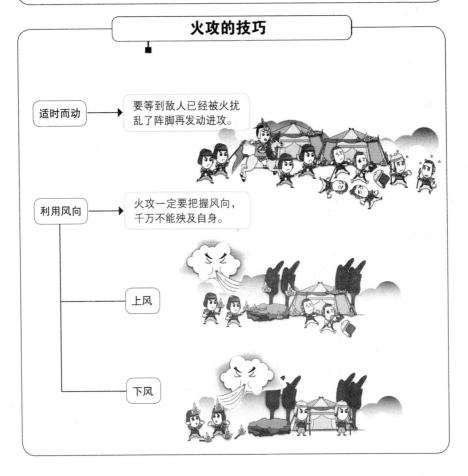

适时而动 → 要等到敌人已经被火扰乱了阵脚再发动进攻。

利用风向 → 火攻一定要把握风向，千万不能殃及自身。

上风

下风

不修其攻者，凶

· ·

原文

故以火佐攻者明[1]，以水佐攻者强。水可以绝，不可以夺。夫战胜攻取，而不修其功者，凶[2]，命曰费留[3]。故曰：明主虑[4]之，良将修[5]之。

注 释

1.故以火佐攻者明： 佐，辅佐。明，明显。指用火攻效果明显。

2.而不修其功者，凶： 不能及时论功行赏，巩固胜利成果，则有祸患。

3.命曰费留： 指若不及时赏赐，将士不用命，致使战事迟延或失败，军费将如流水般逝去。

4.虑： 谋虑、思考。

5.修： 治也，处理之意。

译 文

用火攻辅助军队进攻，效果十分显著，用水攻辅助军队进攻，可以大大增强攻势。水攻可以隔断敌军的阵形、联系和运输，但不能像火攻那样毁灭敌军的兵马和军需。凡是打了胜仗、攻取城邑，而不能及时论功行赏，巩固其胜利成果，就必定有危险，这种情况叫作"费留"。所以说，明智的国君要慎重地考虑这个问题，贤良的将帅也应当认真地处理这个问题。

解 读

孙子在这里分析了水和火在作战时的差异，水能够给敌人带来冲击，但并不像火那样可以造成人员伤亡。火攻之所以备受兵家的青睐，就是因为它可以消灭敌方的力量。另外，孙子强调，打了胜仗之后要及时巩固胜利、论功行赏，否则用生命换来的胜利就会付诸东流。有功必赏，这是为了让士兵保持旺盛的斗志，而巩固胜利的战果，则还需要考虑攻取城池后的一系列问题，人员如何安置？士兵与当地百姓会如何相处？城池如何设防？总之，维护胜利果实与取得胜利同样重要。

可以获得高额利润的行业一直都存在，这也使许多企业趋之若鹜，但有很多公司由于缺乏后继的策略和资源，即使初战告捷，最终仍逃不过失败的命运。因此公司的经营者在制定战略时，需要非凡的远见卓识，把有限的资源投到公司最有竞争实力的产品上，而且要不惜一切代价保住胜利。

经典战例："四十二天"皇帝

李自成

李自成（1606年～1645年），原名鸿基。陕西米脂人。人称闯王、李闯。明末农民军领袖之一，大顺政权的建立者。

吴三桂

吴三桂（1612年～1678年），明末清初辽东人。崇祯时为辽东总兵，封平西伯，镇守山海关。1644年降清，引清军入关，被封为平西王。

　　明崇祯十七年（1644年），闯王李自成率领起义军进入北京。一开始，起义军法令严明、秋毫无犯，使北京的秩序很快恢复了正常。李自成很快就接管了半个中国，取得辉煌成就；然而起义军将帅被大好形势冲昏了头，牛金星忙着应酬，刘宗敏忙于催饷，而李自成则霸占了吴三桂的爱妾陈圆圆，使本已答应归降的吴三桂立马叛变，占领山海关，引清军入关，直取北京。李自成出战失败，刘宗敏迎战再次失败，这支浩浩荡荡的农民起义军进入北京仅四十二天，便又急忙撤退。

论功行赏	有功不赏
将士得到了奖赏，认为自己的努力得到了肯定，从而士气高昂，以后作战也会拼尽全力。	将帅没有得到嘉奖，就会认为自己付出的一切毫无意义，使军心动摇，战斗力大打折扣。

主不可以怒而兴师，将不可以愠而致战

原文

非利不动[1]，非得不用[2]，非危不战[3]。主不可以怒而兴[4]师，将不可以愠[5]而致战。合于利而动，不合于利而止。怒可以复喜，愠可以复悦；亡国不可以复存，死者不可以复生。故明君慎之，良将警之[6]。此安国全军之道也。

注 释

1.**非利不动**：于我无利则不行动。

2.**非得不用**：不能取胜就不要用兵。得，取胜。

3.**非危不战**：不在危急关头不轻易开战。

4.**兴**：发动、兴起、挑起。

5.**愠**：生气、发怒。

6.**故明君慎之，良将警之**：慎，慎重。警，警惕、警戒。

译 文

没有利益就不行动，没有取得胜利的把握就不要用兵，不是危及国家存亡就不可轻易开战。国君不可因一时愤怒而发动战争，将帅不可因一时的怨愤而出阵求战。符合国家利益才用兵，不符合国家利益即应停止作战。愤怒之后还可以重新欢喜，怨恨之后也可以再有喜悦心情，但是国家灭亡了便不复存在，人死了就不会重生。所以，对于战争，明智的国君要慎重对待，优秀的将帅要小心警惕，这是安定国家、保全军队的重要原则。

解 读

这是孙子反复强调的慎战原则。如果没有必胜的把握、不能稳操胜券，或对我方有利，或到了生死存亡的关键时刻，都不要轻易发动战争；特别是国家领导人和军队的将帅，不可因为一时的愤怒而意气用事，因为战争是残酷的，会让人民遭受苦难和生离死别的折磨，如果战败，后果更是不堪设想。愤怒过后还可以再微笑，可是人死不能复生，所以不到万不得已，不要轻易发动战争，这是保存国家和军队安危的重要原则。

同样，企业的经营者在商业竞争中，如果以情感取代理智，行事轻率急躁，那么就会造成企业不可估量的损失。正所谓"三思而后行"，企业的任何一个策略都必须经过仔细的分析和研究，同时要求管理者有清醒的头脑和判断力。

经典案例：失去理智的福特

1970年，艾柯卡在成功推销"野马牌"汽车中表现了卓越的才能，成为福特汽车公司的总经理。他上任后，不顾董事长亨利·福特的反对，推出一种耗油量低的小型汽车，很快就占领了市场。但福特满怀妒忌，寻找各种理由解雇艾柯卡，他赶走了为自己赚进三十五亿美元的总经理，结果却为克莱斯勒公司提供了一个难得的人才。从此，福特公司每况愈下，陷入进退两难的境地。

隋炀帝之死

隋炀帝（569年～618年）名杨广，隋朝的第二个皇帝。隋炀帝604年登基后，劳民伤财，累计耗用八百万民力修建大运河、长城和洛阳城，并于大业八年（612年）征集百万军队攻打高句丽。巨大的工程和连年的战争使民生不堪重负，引发大规模的叛乱。618年，隋炀帝被宇文化及缢死。

隋朝末年，炀帝杨广穷兵黩武，三征高句丽，导致民不聊生，不久便爆发声势浩大的农民起义。李密、翟让、窦建德、李渊父子从四面八方杀出，中原大乱。杨广逃向江都，但仍然沉醉于酒色之中。有一天，一群叛军冲入宫中，杀死守军，围住杨广。杨广说："我有什么罪孽？"叛军头目马文举厉声说道："你穷奢极欲，轻易发动战争，导致生灵涂炭。"杨广说："我虽然对不起百姓，但没有对不起你们啊！"司马德戡说："天下人都不满，所以今天要借陛下的脑袋以谢天下。"杨广吓得魂飞魄散，苦苦哀求道："天子怎么可以身首异处？"最后被叛军绞死。

穷兵黩武

孙皓（242年～284年），字元宗，三国时代东吴的第四代君主。他是被孙权废去皇太子地位的三子孙和的长子，也是东吴的最后一位皇帝。

三国时期，吴国皇帝孙皓好大喜功。他不断扩充军队，使军队的人数占百姓人数的十分之一，军费开支庞大，陆抗打败晋军的进攻后上书孙皓，请他不要再继续穷兵黩武；但孙皓不听陆抗的忠告，最终导致了东吴的灭亡。

第13章

用间篇

　　本篇主要论述间谍在作战中的重要意义，并论述间谍的种类和使用间谍的方法。孙武十分重视间谍的作用，认为它是作战取胜的关键，军队往往依靠间谍提供的情报采取行动。孙武把间谍分为五种：乡间、内间、反间、死间、生间。这五种间谍，前三种是利用敌方人员，后两种是由我方潜入敌人内部的间谍。若同时使用这五种间谍，情报的来源就十分广泛。

先知者，不可取于鬼神，不可象于事

原文

　　孙子曰：凡兴师十万，出征千里，百姓之费，公家之奉[1]，日费千金，内外骚动，怠于道路[2]，不得操事[3]者，七十万家。相守数年[4]，以争一日之胜，而爱爵禄百金[5]，不知敌之情者，不仁之至也，非人之将也，非主之佐也，非胜之主也。故明君贤将，所以动[6]而胜人，成功出于众者，先知[7]也。先知者，不可取于鬼神，不可象于事[8]，不可验于度[9]，必取于人，知敌之情者也。

注 释

1.**奉**：同"俸"，指军费开支。

2.**怠于道路**：怠，疲惫、疲劳。此言百姓因辗转运输而疲于奔波。

3.**操事**：指操作农事。

4.**相守数年**：相守，指相持、对峙。相守数年即相持多年。

5.**而爱爵禄百金**：而，如果。爱，吝啬。

6.**动**：行动、举动，这里指出兵。

7.**先知**：指事先侦知敌情。

8.**不可象于事**：象，模拟、比拟。事，事情。

9.**不可验于度**：验，应验、验证。度，度数，指日月星辰运行的位置。

译 文

　　孙子说，凡是兴兵十万，征战千里，百姓的耗费、国家的开支，每天都要花费千金，前方后方动乱不安，民夫和士兵疲惫地在路上奔波，不能从事正常耕作生活的多达七十万家。这样相持数年，就是为了在一天之内决胜负。如果吝惜爵禄和金钱，不肯重用间谍，以致不能掌握敌情而导致失败，那就是不仁到了极点，这种人不配做军队的统帅，称不上是国家的辅佐，也不是胜利的主宰者。所以，英明的君主和贤良的将帅，他们之所以一出兵就能战胜敌人，功业超越常人，就在于他们能够预先掌握敌情。要事先了解敌情，但不可用求神问鬼的方式来获取，不可拿相似的事模拟推测来得到，也不可用日月星辰运行的位置去验证，一定要取之于人，从那些熟悉敌情者的口中了解。

解 读

　　在这里，孙子提出了"先知"的概念，也就是说在发动战争之前，必须对战势和敌情有深入的了解。知己知彼、知天知地，其目的就是为了"先知"。在战争中，要真正做到"先知"，就必须重用间谍，依靠间谍为自己搜集情报。如果吝惜钱财，反被敌方金钱所累，出卖自身利益，就会危害国家的根本利益。

企业的生产经营会耗费大量的物力、人力和财力，如在从事经营和做出决策前"不知敌之情"，那么将为企业发展带来不可估量的损失。正因如此，精明的企业家都极为重视资讯的搜集，会采用各种手段和计谋，了解竞争对手的商业机密，进而把握商机。

经典案例：日本人的苦肉计

有个日本人想开啤酒厂，他得知丹麦啤酒酿造技术世界一流；但啤酒厂的保密措施做得很彻底，不允许随便参观。后来，这个日本人发现该厂每天早晚都有一辆黑色的小轿车进出，而车上坐的正是啤酒厂的老板，于是他想出一条苦肉计。有一天，载着啤酒厂老板的小轿车驶近时，他突然迎面朝小轿车快步走去，结果被车撞倒，并断了一条腿。日本人被送进医院，啤酒厂的老板问他希望怎么和解，他说："等我腿好了以后，就让我去你的啤酒厂当守卫，混碗饭吃吧！"啤酒厂老板一听他不想找麻烦，就答应了。后来，这个日本人当上啤酒厂的守卫，经过仔细观察，他对这家啤酒厂的设备、原料及技术都了若指掌。日本人回国后，开了一家颇具规模的啤酒厂，很快就抢占了日本的啤酒市场，获得丰厚的回报。

"先知"的三个要求

不可取于鬼神	不可象于事	不可验于度
如果一个将帅把占卜和算卦作为预知胜负的方法，那么就是愚蠢的表现。	墨守成规是兵家大忌，任何一种胜利模式都是不可复制的，随机应变才是上策。	星象虽有一定道理，但不能作为判断敌情的根据，否则就有可能一败涂地。

用间有五

原文

　　故用间有五：有乡间[1]、有内间、有反间、有死间、有生间。五间俱起[2]，莫知其道，是谓神纪[3]，人君之宝[4]也。乡间者，因其乡人而用之。内间者，因其官人而用之。反间者，因其敌间而用之。死间者，为诳事于外，令吾间知之，而传于敌间也。生间者，反报也。

注 释

1.**乡间**：间谍的一种，依赖与敌人的乡亲关系获取情报，或利用与敌军官兵的同乡关系，打入敌营从事间谍活动，获取情报。

2.**五间俱起，莫知其道**：如果能同时使用这五种用间之法，便可使敌人无法摸清我军的行动规律。道，规律、途径。

3.**神纪**：神妙莫测之道。纪，道、办法。

4.**宝**：法宝。

译 文

　　间谍的运用方式有五种，即乡间、内间、反间、死间、生间。要同时使用这五种用间方法，使敌人无从捉摸我间的规律，这就是使用间谍的神妙莫测，也是国君克敌制胜的法宝。所谓乡间，就是利用敌国乡人做间谍；所谓内间，是利用敌方官吏作间谍；所谓反间，就是利用敌方派来的间谍，反过来为我效力；所谓死间，就是故意在外散布假情况，并通过潜入敌营的我方间谍传给敌人（一旦被发现，间谍会被处死）；所谓生间，就是能活着回来报告敌情的人。

解 读

　　孙子在此指出使用间谍的五种方法，提出只有将五种方法交替使用，才会神秘莫测，成为克敌制胜的法宝。孙子认为要了解敌情，就必须全面使用间谍，扩大情报的来源，以便得到完整、精确、周密的情报，并根据这些情报，采取相应的军事行动，使敌人茫然、无所适从，进而使我军取得战争胜利。

　　现代社会，市场的竞争也是资讯的竞争，许多企业和公司不惜成本，在世界各地建立起庞大的工商业情报机构，采取各种手段，想方设法窃取、探听竞争对手的商业机密。通过准确的资讯，他们可以寻找和针对对方的弱点，制定相应的策略，发挥自身的优势，击败对方。

经典案例：信陵君的用间策略

　　战国时，魏公子信陵君采取各种手段，收买各方间谍，因此对国内外的情况了如指掌。有一次，信陵君正在和魏王下棋，突然北方传来示警的烽火，说是赵国出兵侵犯魏国。魏王惊慌失措，信陵君却说是赵王在打猎。又过了一会儿，果然从北方传来消息说："刚才是赵王打猎。"魏王问信陵君原因，信陵君回答："这是我的门客探听的。"原来，魏公子信陵君养了许多门客，充当各种间谍，打入赵国内部。

间谍的运用

乡间

从敌国的乡人处，可以搜集一些关于地理条件和军事动向的情报。

反间

反间就是以其人之道还治其人之身，获得稳定的情报来源。

生间

间谍潜入敌国后还能安全返回，危险性较小，但需要计划周密。

内间

内间的作用提供较为机密的军事情报，让敌人的官吏为我服务。

死间

透过散布假消息，以达到扰乱敌人阵脚的目的，但危险性很高。

三军之事，莫亲于间

原文

故三军之事，莫亲于间[1]，赏莫厚于间[2]，事莫密于间[3]。非圣智[4]不能用间，非仁义不能使间，非微妙不能得间之实[5]。微哉！微哉！无所不用间也！间事未发，而先闻者，间与所告者皆死。凡军之所欲击，城之所欲攻，人之所欲杀，必先知其守将、左右、谒者、门者、舍人[6]之姓名，令吾间必索知之。

注 释

1.**故三军之事，莫亲于间**：三军中最亲信的人，莫过于委派的间谍。

2.**赏莫厚于间**：没有比施赏给间谍更优厚的赏赐。

3.**事莫密于间**：军机事务，没有比间谍之事更为机密的。

4.**圣智**：才智过人的人。

5.**非微妙不能得间之实**：微妙，精细机敏，这里指用心精细、手段巧妙。实，指实情。

6.**守将、左右、谒者、门者、舍人**：守将，主将。左右，守将的亲信。谒者，指负责传达通报的官员。门者，负责守门的官吏。舍人，门客，指谋士幕僚。

译 文

所以在军队中，没有比间谍更亲近的人；在奖赏中，没有比赏赐给间谍更为优厚的；也没有什么事情比间谍更为机密的了。不是才智超群的人不能使用间谍；不是仁慈慷慨的人不能指使间谍；不是谋虑精细的人不能分辨间谍提供的情报。微妙啊！微妙！真是无时无处不可以使用间谍。如果间谍工作尚未开展就泄露了用间的消息，那么，间谍和告密者都应该被处死。对那些我军想要攻击的地方、想要攻打的城堡，以及准备刺杀的敌方官员，都应该事先了解敌方的守将及其左右亲信、掌管通信联络和把守门户的官员以及幕僚门客的姓名。对于这些情况，我方的间谍一定要侦察清楚。

解 读

孙子在此着重强调了间谍的重要性。对于带兵的将领来说，最亲密的人就是间谍；由于间谍身份的特殊，所以会给予比一般人更高的奖赏；军队中所谓的机密，十之八九和间谍有关。将帅想打赢间谍战，那么就必须有睿智的头脑和仁慈的心胸。另外，孙子还提出了情报来源，间谍需要从与敌将最亲密的人（亲信和幕僚）那里搜集情报。

虽然时代在变，但信息的重要性日益突显。谁拥有的资讯愈丰富，谁获得成功的机会就愈大。"三军之事，亲莫亲于间"，现代商战正演化为一场商业的情报战，一些公司为了得到准确的商业情报，其情报网布局之广、手段之奇、情报之准确迅速，让人瞠目结舌，有时甚至可与国家军事情报机关相媲美。

经典案例：苏联人的"谍计"

1973年，苏联打算找一家美国飞机制造公司，为其建造一个世界上最大的喷射客机制造厂，建成后将年产一百架巨型客机；但如果美国公司的条件不合适，他们将跟英国或德国进行这笔价值三亿美元的生意。为此，美国的三大飞机制造公司都蠢蠢欲动。波音公司为了得到这笔生意，竟背着美国政府，同意让二十名苏联专家前往飞机制造厂参观。这批苏联专家不仅仔细参观飞机装配线，还在机密的实验室里认真地"考察"，拍了无数张照片，获取大量的资料，并得到波音制造巨型客机的详细计划，之后苏联人便杳无音讯。不久，美国人发现苏联居然利用波音提供的技术资料制造了伊柳辛式巨型喷射运输机。飞机的引擎是美国罗尔斯·罗伊斯引擎的仿制品，而制造飞机的合金居然也是从美国取得。原来，当日苏联专家穿了双特制的皮鞋，鞋底能吸附从飞机部件上切削下来的金属屑，专家带回去分析后，便得到制造合金的秘密。

情报的来源

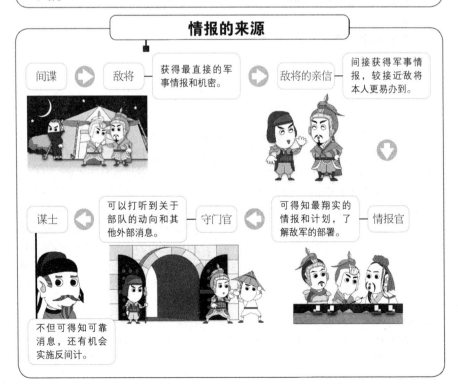

反间可得而用也

必索[1]敌人之间来间我者，因而利之[2]，导而舍之，故反间可得而用也。因是而知之[3]，故乡间、内间可得而使也[4]；因是而知之，故死间为诳事，可使告敌；因是而知之，故生间可使如期[5]。五间之事，主必知之，知之必在于反间，故反间不可不厚[6]也。昔殷之兴也，伊挚[7]在夏；周之兴也，吕牙在殷。故惟明君贤将，能以上智为间者，必成大功。此兵之要，三军之所恃而动也。

注 释

1.索：搜索。

2.因而利之：趁机收买、利用敌间。因，由也，这里有趁机、顺势之意。

3.因是而知之：指从反间那里获悉敌人内情。

4.故乡间、内间可得而使也：通过"反间"了解敌情，乡间和内间就能有效地加以使用。

5.故生间可使如期：生间可使如期回报。

6.厚：厚待，有重视之意。

7.伊挚：即伊尹。

译 文

一定要搜查出敌方派来侦察我方军情的间谍，并用重金收买他，引诱、利用他，然后再放他回去。这样，反间就可以为我所用了。通过反间了解敌情，这样，乡间、内间也就可以使用了。通过反间了解敌情，这样，就能使死间传播假情报给敌人了。通过反间了解敌情，这样就能使生间按预定时间回报敌情。五种间谍的使用，国君都必须了解掌握，而了解情况的关键在于使用反间，所以对于反间不可不给予最优厚的待遇。从前，殷商的兴起，得力于伊尹曾在夏朝做过官；西周的兴起，得力于姜尚曾在殷商为臣。所以，明智的君主和贤良的将帅，能使用智慧高超的人做间谍，一定能取得极大的成功。这是用兵作战的要诀，整个军队都要依靠他们提供的情报来指挥军事行动。

解 读

要打胜仗，就要做到"知己知彼"，而做到"知彼"，最常用的方法就是使用间谍，深入敌人内部、刺探敌人情报，因此古今中外的战争史，也可以说是一部间谍史。孙子对用间进行全面的论述，其中特别强调反间的运用，反间的具体运用就是我们常说的反间计。反间计可谓谍战的最高境界，不但可以探知敌情，而且还能利用地方间谍，破坏敌人的作战计划。

企业之间的竞争，同样是围绕着"间"与"反间"展开的。一方面，企业会千方百计打探对手的消息；另一方面也会通过各种手段加强保密措施，保持自身的技术优势，以便在竞争中占据领先地位。

经典战例：岳飞妙计除叛徒

1130年，金朝封宋朝的降将刘豫做了大齐皇帝，刘豫多次联合金军攻打宋军。岳飞了解到，刘豫与金将粘罕狼狈为奸，而金国元帅金兀术对此十分嫉恨。恰好此时，宋军捉到一个金兀术派来的间谍，岳飞便故意将他认做是自己派出去的人员，责问他说："你不是张斌吗？前些日子派你送信给刘豫，要他设法把金兀术引诱出来，不料你一去不复返，之后我又派人去联系，刘豫已经答应到冬天把金兀术引诱到清河，和我共同夹击。你为什么不把信送到呢？"间谍担心被杀，就顺水推舟，承认自己是张斌。于是岳飞要他再送信给刘豫，信中叙述了诱杀金兀术的计划。这个间谍离开宋朝的军营，马上把信献给金兀术。金兀术一看，勃然大怒，立即撤销了刘豫的皇帝名号，并把他充军到临潢（今内蒙古自治区西林县）。就这样，宋朝轻松铲除了刘豫，为以后北伐扫除了障碍。

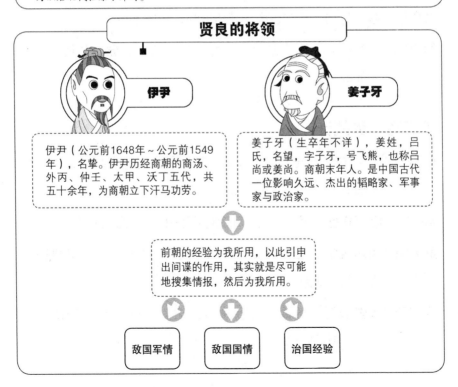

贤良的将领

伊尹

姜子牙

伊尹（公元前1648年～公元前1549年），名挚。伊尹历经商朝的商汤、外丙、仲壬、太甲、沃丁五代，共五十余年，为商朝立下汗马功劳。

姜子牙（生卒年不详），姜姓，吕氏，名望，字子牙，号飞熊，也称吕尚或姜尚。商朝末年人。是中国古代一位影响久远、杰出的韬略家、军事家与政治家。

前朝的经验为我所用，以此引申出间谍的作用，其实就是尽可能地搜集情报，然后为我所用。

| 敌国军情 | 敌国国情 | 治国经验 |

附录：三十六计原文

第一套　胜战计

第01计 瞒天过海　备周则意怠，常见则不疑。阴在阳之内，不在阳之对。太阳，太阴。

第02计 围魏救赵　共敌不如分敌，敌阳不如敌阴。

第03计 借刀杀人　敌已明，友未定，引友杀敌。不自出力，以《损》推演。

第04计 以逸待劳　困敌之势，不以战。损刚益柔。

第05计 趁火打劫　敌之害大，就势取利，刚决柔也。

第06计 声东击西　敌志乱萃，不虞。坤下兑上之象，利其不自主而取之。

第二套　敌战计

第07计 无中生有　诳也，非诳也，实其所诳也。少阴、太阴、太阳。

第08计 暗度陈仓　示之以动，利其静而有主，"益动而巽"。

第09计 隔岸观火　阳乖序乱，阴以待逆。暴戾恣睢，其势自毙。顺以动豫，豫顺以动。

第10计 笑里藏刀　信而安之，阴以图之。备而后动，勿使有变。刚中柔外也。

第11计 李代桃僵　势必有损，损阴以益阳。

第12计 顺手牵羊　微隙在所必乘，微利在所必得。少阴，少阳。

第三套　攻战计

第13计 打草惊蛇　疑以叩实，察而后动。复者，阴之媒也。

第14计 借尸还魂　有用者，不可借；不能用者，求借。借不能用者而用之。匪我求童蒙，童蒙求我。

第15计 调虎离山　待天以困之，用人以诱之，往蹇来返。

第16计 欲擒故纵　逼则反兵，走则减势。紧随勿迫，累其气力，消其斗志，散而后擒，兵不血刃。需，有孚，光。

第17计 抛砖引玉　类以诱之，击蒙也。

第18计 擒贼擒王　摧其坚，夺其魁，以解其体。龙战于野，其道穷也。

第四套　混战计

第19计 釜底抽薪　不敌其力，而消其势，兑下乾上之象。

第20计 浑水摸鱼　乘其阴乱，利其弱而无主。随，以向晦入宴息。

第21计 金蝉脱壳　存其形，完其势；友不疑，敌不动。巽而止蛊。

第22计 关门捉贼　小敌困之。剥，不利有攸往。

第23计 远交近攻　形禁势格，利从近取，害以远隔。上火下泽。

第24计 假道伐虢　两大之间，敌胁以从，我假以势。困，有言不信。

第五套　并战计

第25计 偷梁换柱　频更其阵，抽其劲旅，待其自败，而后乘之。曳其轮也。

第26计 指桑骂槐　大凌小者，警以诱之。刚中而应，行险而顺。

第27计 假痴不癫　宁伪作不知不为，不伪作假知妄为。静不露机，云雷屯也。

第28计 上屋抽梯　假之以便，唆之使前，断其援应，陷之死地。遇毒，位不当也。

第29计 树上开花　借局布势，力小势大。鸿渐于陆，其羽可以为仪也。

第30计 反客为主　乘隙插足，扼其主机，渐之进也。

第六套　败战计

第31计　美人计　兵强者，攻其将；将智者，伐其情。将弱兵颓，其势自萎。利用御寇，顺相保也。

第32计　空城计　虚者虚之，疑中生疑。刚柔之际，奇而复奇。

第33计　反间计　疑中之疑。比之自内，不自失也。

第34计　苦肉计　人不自害，受害必真。假真真假，间以得行。童蒙之吉，顺以巽也。

第35计　连环计　将多兵众，不可以敌，使其自累，以杀其势。在师中吉，承天宠也。

第36计　走为上计　全师避敌。左次无咎，未失常也。

图书在版编目（CIP）数据

孙子兵法活学活用 / (春秋)孙武原著；沈零编著；
夏易恩绘制 . -- 北京：中国华侨出版社 , 2016.8（2019.11 重印）

ISBN 978-7-5113-6202-5

Ⅰ.①孙… Ⅱ.①孙… ②沈… ③夏… Ⅲ.①兵法—
中国—古代—通俗读物②《孙子兵法》Ⅳ.
① B892.2-49

中国版本图书馆 CIP 数据核字（2016）第 186903 号

孙子兵法活学活用

原　　著：〔春秋〕孙　武
编　　著：沈　零
绘　　图：夏易恩
责任编辑：姜薇薇
封面设计：冬　凡
文字编辑：胡宝林
图文制作：北京水长流文化
经　　销：新华书店
开　　本：710 mm×1000 mm　　1/16　　印张：14.5　　字数：180千字
印　　刷：三河市兴博印务有限公司
版　　次：2016年9月第1版　　2021年10月第4次印刷
书　　号：ISBN 978-7-5113-6202-5
定　　价：39.00 元

中国华侨出版社　北京市朝阳区西坝河东里 77 号楼底商 5 号　邮编：100028
法律顾问：陈鹰律师事务所
发 行 部：(010) 58815875　　　传　真：(010) 58815857

如果发现印装质量问题，影响阅读，请与印刷厂联系调换。